우리에게는 아주 특별한 날

우리 국경일 제대로 알기

우리에게는 아주 특별한 날

우리 국경일 제대로 알기

김태훈 글

파란
등대

 **머리말**

우리에게는 아주 특별한 날

   사람은 저마다 기념하는 특별한 날이 있어요. 대부분의 사람들이 지키는 특별한 날에는 어떤 것이 있을까요? 아마 생일이 가장 대표적일 거예요. 그렇다면 혹시 이런 질문을 해 본 적이 있나요?
   '왜 생일을 지킬까? 왜 매년 이날을 기억하면서, 모여서 맛있는 밥을 먹고, 선물을 주고받고, 생일 케이크의 촛불을 끄고 축하 노래를 부를까?'
   그건 아마 생일이 그 사람이 누구인지를 알려 주는 가장 기본적인 정보이기 때문일 거예요. 어제 뜬 해가 오늘 뜬 해와 별반 다르지 않듯이 생일이라고 해서 특별한 해가 떠오르는 건 아니에요. 만약 모든 사람의 생일에 특별한 해가 뜬다면 80억 개의 새로운 해가 필요할 테니까요. 하지만 그럼에도 우리는 생일을 특별하게 여기지요. 그건 사실 생일이 특별해서가 아니라 나 자신과 내가 아는 사람들이 특별한 날로 지키기 때문에 특별해진 거예요.

   여러분의 가정에서는 또 어떤 날을 특별히 기념하나요? 혹시 부모님의 결혼기념일에 온 가족이 모여 축하 케이크를 먹나요? 이날을 기념하는 이유는

　아마 가족이 탄생한 날이기 때문일 거예요. 결혼식은 부모님만 참석한 행사였지만, 결혼으로 가족이 탄생했고, 우리가 태어났기 때문이지요.
　때로는 특별한 날을 스스로 만들기도 해요. 요즘 우리나라 사람들은 누구와 사귀기 시작하면 '오늘부터 1일'이라고 정하고 특별한 관계가 되기로 약속하지요. 이때부터는 누구에게나 똑같은 시간이 두 사람에게는 다르게 흘러요. 100일이 되는 날에는 선물을 교환하기도 하고, 1년이 되는 날에도 멋진 이벤트를 준비하지요.

　그럼 이제 특별함의 범위를 조금 넓혀 생각해 봐요. 개인, 가족, 친지를 넘어서는 공동체에는 어떤 것들이 있을까요? 우리가 사는 동네, 주민등록이 등록된 도시, 비슷한 언어를 사용하는 지역, 한글을 공용어로 쓰는 국가도 있지요. 이 중 '국가'와 관련해 어떤 특별한 날들이 있는지 살펴보려고 해요.
　우리는 대한민국이라는 국가에 살고 있어요. 대한민국의 국민임을 확인하는 방법에는 여러 가지가 있지만, 함께 지키고 기념하는 '특별한 날'을 살펴보는 것이 가장 쉽고 확실한 방법이랍니다. 어떤 특별한 날을 지키는지를 살펴보면, 우리가 누구인지, 무엇을 소중하게 생각하는지를 알 수 있지요.
　자, 그럼 우리를 더 잘 알기 위해 특별한 날을 만나러 떠나 볼까요?

차례

머리말 우리에게는 아주 특별한 날 • 4

1 삼일절
: 방방곡곡에 독립 만세 소리가 울려 퍼지다

- ★ 국경일이란? • 12
- ★ 1919년 3월 1일 • 14
- ★ 민족 자결주의 • 18
- ★ 2·8 독립 선언 • 20
- ★ 한반도에 전해진 독립 만세 운동 • 21
- ★ 3·1 운동의 시작 • 24

더 알아볼까요? 제암리 학살 사건 • 28 봉오동 전투와 청산리 대첩 • 29

2 제헌절
: 나라의 기본이 되는 법을 만들다

★ 정부와 헌법 • 34
★ 한반도의 분단 • 37
★ 제헌 국회 • 39
★ 헌법의 공포 • 41
★ 헌법의 변천 • 44

더 알아볼까요? 헌법, 법률과 조약, 명령, 조례와 규칙 등 법의 종류 • 47
             헌법 재판소 • 48

3 광복절
: 나라의 빛을 되찾다

★ 일제 강점기 • 52
★ 일본 제국주의의 성장 • 56
★ 일본의 진주만 공격과 태평양 전쟁의 시작 • 59
★ 일본의 항복과 한반도 분단 • 63
★ 광복의 한계 • 67

더 알아볼까요? 맨해튼 프로젝트 • 68   신탁 통치 • 70

4 개천절
: 한반도에 하늘이 열리다

- ★ 한반도에 사는 우리 • 74
- ★ 단군을 섬기는 대종교 • 78
- ★ 개천절을 국경일로 • 81
- ★ 연호 • 84
- ★ 단기와 서기 • 85

더 알아볼까요?   단군 신화 • 88   고조선 • 89

5 한글날
: 백성을 어엿비 여기다

- ★ 세계에서 가장 많은 사람이 사용하는 문자 • 92
- ★ 만든 이와 목적이 분명한 한글 • 97
- ★ 조선 시대에는 인정받지 못한 한글 • 100
- ★ 조선어 연구회와 한글 • 105
- ★ 가장 어린 국경일 • 107
- ★ 세계로 뻗어 나가는 한글 • 109

더 알아볼까요?   《용비어천가》 • 111   북한의 한글날 • 112

6 기념일
: 대한민국 국민이면 기억해야 할 특별한 날

- ★ 기념일이란? • 116
- ★ 독립운동 관련 기념일 • 118
- ★ 민주화 관련 기념일 1(1960년대) • 122
- ★ 민주화 관련 기념일 2(1970~80년대) • 130
- ★ 전쟁 관련 기념일 • 137

더 알아볼까요? 푸른 하늘의 날 • 142   곤충의 날 • 143   김치의 날 • 144

7 공휴일
: 모두 함께 쉬다

- ★ 공휴일이란? • 148
- ★ 일요일 • 150
- ★ 설날과 추석 • 154
- ★ 성탄절과 부처님 오신 날 • 156
- ★ 어린이날 • 159

더 알아볼까요? 24절기 • 162

에필로그 시간의 주인 • 166
사진 출처 • 170

- ★ 국경일이란?
- ★ 1919년 3월 1일
- ★ 민족 자결주의
- ★ 2·8 독립 선언
- ★ 한반도에 전해진 독립 만세 운동
- ★ 3·1 운동의 시작

더 알아볼까요? 제암리 학살 사건
봉오동 전투와 청산리 대첩

삼일절

: 방방곡곡에
독립 만세 소리가 울려 퍼지다

국경일이란?

이야기를 시작하기 전에 먼저 '국경일'이라는 단어의 뜻부터 살펴보기로 해요. 국경일은 나라 국國, 좋은 일 경慶, 날 일日을 합한 단어예요. '나라에 경사가 난 날', '나라에 좋은 일이 일어난 날' 정도로 설명할 수 있지요. 나라에 경사가 난 날에는 나라가 만들어졌거나, 잃었던 나라를 되찾았거나, 전쟁에서 승리한 날 등이 있어요.

국경일은 법으로 정해져 있어요. 시작은 대한민국 정부가 만들어지고 1년이 지난 1949년 10월 1일에 국회가 법률 제53호로 만든 「국경일에 관한 법률」이랍니다. 이때 4대 국경일을 정했는데, 이번 장에서 다룰 삼일절이 첫 번째로 꼽혔고, 대한민국 헌법이 제정된 날인 제헌절(7월 17일), 일본의 식민 지배에서 해방된 날인 광복절(8월 15일) 그리고 단군 할아버지가 고조선을 세운 날인 개천절(10월 3일)이에요. 그러다 2005년에 세종대왕이 훈민정음을 만든 것을 기념하는 한글날(10월 9일)이 포함되면서 모두 다섯 날이 국경일이 되었답니다.

법으로 국경일로 정해졌다는 것은 아주 중요하고 특별한 의미가 있어요.

이 5대 국경일을 제대로 이해한다면, 대한민국이 어떤 나라인지 알 수 있기 때문이에요. 즉 어떤 날을 기념하느냐가 대한민국이 어떤 나라라는 걸 확실하게 보여 주는 표시 중에 하나거든요. 그럼 대한민국을 이해하기 위해 국경일 알기 여행을 시작해 볼까요? 첫 번째로 삼일절을 살펴보기로 해요.

1919년 3월 1일

   3·1 운동은 1919년 3월 1일 일본에 저항하여 일어난 만세 운동이에요. 기미년에 일어났다고 해서 '기미독립운동'이라고도 불러요. 우리나라는 중요한 사건의 이름을 정할 때 육십갑자로 연도를 표기하는 문화가 있어요. 예를 들면 임진왜란은 임진년, 즉 1592년에 일본인이 일으킨 전쟁이라는 뜻이고, 병자호란은 병자년, 즉 1636년에 북쪽 만주족이 일으킨 전쟁이라는 뜻이에요.

   조선의 마지막 임금인 고종은 1897년 대한 제국을 선포했어요. 그리고 일본이 1910년 대한 제국을 병합했지요. 일본은 대한 제국의 한성부, 즉 지금의 서울에 '통감부'라는 관청을 설치하고는 한반도를 지배하기 시작했어요. 원래 한성부였던 지명도 일본식으로 '경성'이라고 바꿨답니다. 일본은 동양 척식 주식회사를 세워 강제로 우리 민족의 땅을 빼앗아 일본인과 일본 기업에 헐값으로 넘겼어요. 그렇게 땅을 빼앗긴 조선인 대부분은 노예처럼 시달리며 빈곤하게 살아야 했지요. 시간이 흐르면서 조선인들의 불만은 쌓여만 갔어요.

3·1 운동은 왜 일어났을까요? 1919년은 일본의 식민 지배가 공식적으로 시작된 지 14년이 되던 해였어요. 그리고 1919년 1월 21일 고종이 덕수궁 함녕전에서 68세의 나이로 승하하였답니다. 이때 고종의 죽음을 둘러싸고 갖가지 소문이 끊이지 않았어요. 일본은 뇌내출혈과 심장마비로 자연사했다고 발표했지만, 이를 믿는 사람은 거의 없었어요. 대부분 독살설에 귀를 기울였지요. 일본이 고종의 존재를 무척 불편하게 여겼기 때문이에요.

왜냐하면 고종이 1907년 네덜란드 헤이그에서 열린 만국 평화 회의에 이

동양 척식 주식회사

1908년 12월 18일에 설립된 동양 척식 주식회사는 일본이 조선의 경제를 독점하고, 토지와 자원의 수탈하기 위해 세운 기업이었어요. 줄여서 동척(東拓)이라고 부르기도 했어요. 부산, 대전, 목포에는 아직 동척의 건물이 남아 있어요.

상설, 이준 등을 특사로 보냈기 때문이에요. 일본은 이 사건을 꼬투리 잡아서 고종을 황제 자리에서 쫓아내고, 그의 아들을 황제에 앉혀 꼭두각시로 삼으려 했어요. 그가 바로 순종이에요. 황제 자리에서 물러난 고종은 철저한 감시를 당했어요. 그렇게 10년 넘게 감금과 억압의 시간을 보내다 쓸쓸히 죽음을 맞은 거랍니다.

고종의 장례는 승하 후 40일 만인 3월 3일에 치른다고 발표되었어요. 원래 조선의 왕이 승하하면 70개의 장례 절차를 거쳐야 해서 5개월 뒤에나 장례를

1907년 제2차 만국 평화 회의

러시아 황제 니콜라이 2세의 제안으로 개최된 만국 평화 회의는 1899년과 1907년, 두 차례에 걸쳐 열렸어요. 세계 평화를 위해 군비 축소와 평화 유지 등을 협의했지만 합의에 이르지는 못했어요. 이 만국 평화 회의에 특사들을 보내 을사늑약 파기 등의 활동을 벌이려던 고종의 계획은 일본의 방해로 실패하고 말았어요.

치렀어요. 하지만 일본은 고종의 장례 절차를 20개로 줄이고 날짜도 단축한 거예요. 당시 이런저런 흉흉한 소문이 퍼져 있던 터라 전국에서는 고종의 장례식에 참여하려고 40만 명이 넘는 사람이 경성으로 모여들었어요. 이들에게는 고종의 죽음을 슬퍼하는 마음과 함께 일본의 지배에 분노하는 마음도 있었어요. 거센 바람이 불기 직전의 고요한 밤을 폭풍 전야라고 하는데, 당시 조선의 상황이 딱 그랬답니다.

민족 자결주의

　그렇다면 3·1 운동은 고종의 장례식에 참여하기 위해 전국에서 모인 사람들 사이에서 우연히 일어난 사건이었을까요? 그건 아니었어요. 약 1년 전부터 국내외에서 민족의 독립을 향한 열망과 열정이 진지하게 모이고 있었어요. 운동의 출발점은 미국의 윌슨 대통령이 1918년 1월에 주장한 '민족 자결주의' 원칙이었어요. 이 원칙은 "각 민족은 자신의 정치적 운명을 스스로 결정할 권리가 있고, 다른 민족의 간섭을 받지 않는다"라는 내용을 담고 있었어요.

　민족 자결주의는 제1차 세계 대전에서 패배한 독일, 오스트리아, 튀르키예 등에게 식민 지배를 받던 민족을 독립시키기 위한 것이었어요. 그런데 전 세계에서 독립하지 못하고 계속 식민 지배를 받던 민족까지 이 소식을 듣고 움직이기 시작한 거예요. 당연히 우리 민족도 동참했지요.

　가장 먼저 움직인 사람들은 재미 교포였어요. 재미 한인 대표자 회의를 열고, 이승만 등 3인을 대표로 선출했지요. 1919년 1월에 열리는 파리 강화 회의에 특사를 보내려고 했지만, 미국 정부가 여권을 내주지 않아 실패했어요.

파리 강화 회의에 참석한 한국 대표단
파리 강화 회의에 한국 대표로 참석한 김규식 등은 정부 대표가 아니라는 이유로 참석을 거부당했어요. 이후 1919년 4월에 대한민국 임시 정부가 수립되면서 임시 정부의 대표단으로 참석할 수 있었답니다. 앞줄 왼쪽 첫 번째가 여운홍, 오른쪽 끝은 김규식. 뒷줄 왼쪽에서 두 번째가 이관용, 세 번째가 조소앙이랍니다.

비슷한 시기 중국 상하이에서는 영어 신문을 통해 민족 자결주의를 접한 청년들이 신한청년당을 결성해 적극적으로 독립운동을 펼쳤어요. 윌슨 대통령에게 대한 독립을 청원하는 편지를 보냈고, 파리 강화 회의에 대표단을 파견하기도 했지요. 또한 조선은 물론이고, 일본에도 당원을 보냈답니다. 당시 일본은 민족 자결주의가 자국 내에 알려지는 걸 원치 않았어요. 그렇기에 신한청년당은 더 적극적으로 파견 활동을 벌였어요. 이때 활동한 대표적인 인물이 신한청년당 초대 당수를 지낸 여운형이에요.

2·8 독립 선언

　미국과 중국에서 일어나기 시작한 독립에 대한 열망이 구체적으로 표출된 것은 일본 도쿄에서였어요. 바로 '2·8 독립 선언'이었지요. 이 선언은 서울에서 3·1 운동이 일어나기 불과 20일 전에 이루어졌답니다.

　당시 일본에는 많은 조선인 유학생이 있었어요. 유학생들은 조선기독교청년회, 조선유학생학우회, 조선학회, 조선여자친목회 등의 단체를 조직하고 있었는데, 이날 독립 선언을 계기로 '조선청년독립단'으로 뭉쳤어요. 1919년 2월 8일 오전 10시, 이들은 독립 선언서를 각국 대사관과 일본 정부 및 의회, 신문사와 잡지사 등에 보냈어요. 그러고는 오후 2시에 조선기독교청년회관에 모여 조선청년독립단의 이름으로 독립 선언서와 결의문을 낭독하고, "대한 독립 만세"를 크게 외쳤답니다. 하지만 곧이어 들이닥친 일본 경찰에 체포되고 말았어요.

한반도에 전해진 독립 만세 운동

　일본 도쿄 한복판에서 울려 퍼진 대한 독립 만세 소식은 곧바로 우리나라에도 전해졌어요. 물론 국내에서도 가만히 있던 것은 아니었어요. 다양한 단체가 독립운동을 펼칠 계획을 세우고 있었지요. 특히 동학 운동의 전통을 이어받아 창립된 천도교가 선봉에 있었어요. 천도교의 지도자인 손병희는 독립운동 3대 원칙으로 독립운동의 대중화·일원화·비폭력을 제시했어요. 특

**조선의 근대화와 개화,
독립을 위해 노력한 의암 손병희**

최시형의 뒤를 이어 동학의 3대 천도교의 지도자가 된 손병희는 동학을 천도교로 개칭하고, 조선의 근대화와 개화를 위해 교육·출판에 힘썼어요. 또한 조선의 독립을 위해 기독교·불교계 등 다른 종교 단체와도 손을 잡고 3·1운동을 주도했지요. 손병희는 독립 선언서 낭독 후 일본 경찰에 체포되어 징역 3년 형을 선고받았어요.

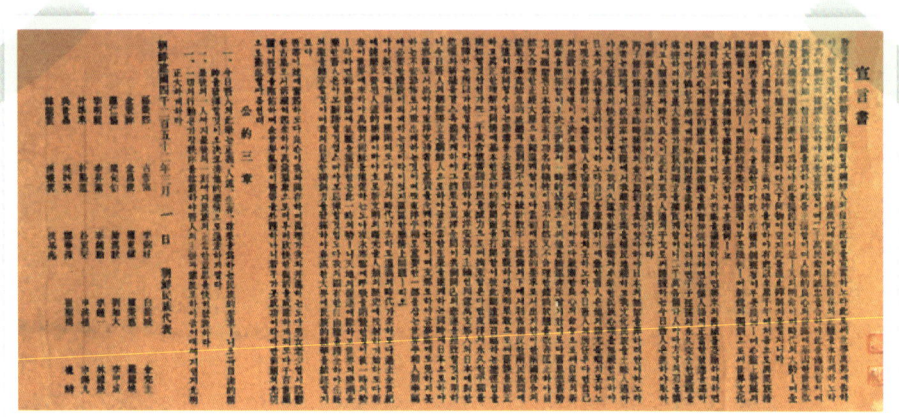

3·1 독립 선언서 원문

3·1 독립 선언서는 우리나라가 주권을 가진 독립국임을 선언한 문서로, 대한민국 임시 정부의 기초가 되었어요. 1919년에 작성되어서 '기미독립 선언서'라고도 해요.

히 독립운동이 성공하기 위해서는 두 번째 원칙인 '일원화'가 중요하다고 믿었어요. 그래서 다양한 세력이 하나의 목표 아래 힘을 합쳐야 한다고 생각했어요. 그 와중에 전해진 일본에서의 독립 선언 소식은 이 원칙을 실천하는 데 큰 힘으로 작용했어요.

다른 종교 단체도 독립을 위해 움직였어요. 기독교에서는 이승훈이 대표 역할을 하면서 전국의 교회들을 이끌었고, 불교는 한용운이 팔을 걷어붙이고 나섰어요. 이렇게 3·1 운동은 천도교와 기독교, 불교의 참여뿐만 아니라 흩어져 있던 세력을 통합한 중앙 지도 체제가 구성되고, 독립 선언서에 서명할 민족 대표 33인을 선정한 다음에 이루어질 수 있었어요.

독립 만세 운동을 언제 시작할지를 두고는 토론이 벌어졌어요. 처음에는 사람들이 가장 많이 모이는 고종의 장례식 날인 3월 3일이 좋겠다는 의견이 나왔어요. 하지만 천도교가 고종의 장례식에 거사를 감행하는 것은 고인에 대한 예의가 아니라고 주장했어요. 그러자 기독교가 3월 2일은 주일인 일요일이라 거사 일로 정하기 어렵다는 의견을 내놓았지요. 결국 모두가 동의하는 3월 1일 토요일로 결정되었답니다.

이날 낭독할 독립 선언서는 최남선이 기초를 잡았어요. 완성된 독립 선언서는 2월 27일 오후 6시부터 4시간 동안 천도교도 이종일이 운영하는 보성사에서 인쇄되었지요. 그렇게 인쇄된 3만 5,000여 장의 독립 선언서는 28일, 전국 각지로 전달됐답니다. 이 모든 과정은 일본 경찰의 눈을 피해 극비리에 진행되었어요.

3·1 운동의 시작

　드디어 3월 1일이 밝았어요. 민족 대표 33인 중 지방에 있는 4명을 제외한 29명은 인사동에 있는 태화관에 모였어요. 그들은 독립 선언서를 낭독하기로 한 오후 2시가 되기만을 기다리고 있었지요. 하지만 태화관 주인이 조선 총독부에 신고하는 바람에 모두 그자리에서 경찰에 연행되었어요. 다행히 체포 직전에 한용운이 독립 선언서를 낭독하고 다 함께 "대한 독립 만세"를 외쳤다고 해요.

　그렇다면 거사를 치르기로 한 탑골 공원의 상황은 어땠을까요? 남녀 학생 4,000~5,000여 명이 모여 독립 선언식을 기다리고 있었어요. 그런데 2시가 다 되어 가는데도 민족 대표들이 나타나지 않는 거예요. 다들 술렁이던 그 순간, 한 청년이 팔각정 단상 위에 올라가 우렁찬 목소리로 독립 선언서를 낭독했어요. 그렇게 낭독이 끝나자마자 학생들은 각자의 모자를 집어 하늘로 던지며 "대한 독립 만세"를 외쳤답니다. 비록 지도자들은 체포됐지만, 독립의 열망은 꺾이지 않았던 거예요.

　학생들은 탑골 공원을 벗어나 종로 쪽으로 행진하기 시작했어요. 수만 명

탑골 공원 팔각정

원각사 절터에 만들어진 탑골 공원은 1913년부터 일반인들에게 개방되었어요. 그전까지는 왕실 공원이었지요. 우리 민족의 저력을 보여준 3·1 운동으로 유명해진 탑골 공원에는 독립 선언서를 낭독했던 팔각정이 있답니다. 이날 탑골 공원에서 독립 선언서를 낭독한 청년은 정재용이라고 알려져 있어요.

대한 독립 만세!

의 군중이 이에 호응하면서 시위대는 크게 불어났지요. 시위대가 덕수궁 대한문 앞에 이르렀을 때는 우렁찬 만세 소리로 경성이 떠나갈 듯했어요. 시위는 해질 무렵까지 이어지면서 전역으로 퍼져 나갔어요. 하지만 시위대는 끝까지 질서를 지켜 단 한 건의 폭력 사건도 발생하지 않았어요.

전국적으로 확대된 독립 만세 운동

독립 만세 운동은 전국으로 퍼졌어요. 천도교나 기독교 조직을 통해 전파되기도 하고, 고종의 장례식에 참석했던 사람이 고향에 돌아가 직접 시위를 주도하기도 했어요. 당시에는 경성과 수도권보다 지방에 훨씬 더 많은 사람이 살고 있었어요. 그래서 독립 만세 운동이 지방에서도 경성 못지않게 활발하게 일어났답니다. 독립 만세 운동은 약 1년간 전국 방방곡곡에서 동시다발로 일어나서 그 규모를 정확하게 알기는 어려워요. 하지만 여러 기록을 종합해 보면, 독립 만세 운동 횟수는 2,000회 이상, 참가 인원은 200만 명이 넘는 것으로 추정된답니다. 참고로 1919년 당시 한반도 인구는 약 1,700만 명 정도였어요.

3·1 운동 당시 평화적으로 시위에 참여한 사람들

독립 만세 운동이 전국에 빠른 속도로 퍼져 나가자, 일본은 당황할 수밖에 없었어요. 이들은 평화적인 시위를 진압하면서 폭력을 휘둘렀고, 이에 자극받아 독립 만세 운동의 규모는 더 커졌답니다.

3·1 운동의 의미

고종의 장례식에 맞춰 독립 만세 운동을 계획했지만 3·1 운동이 조선 왕조의 회복을 목표로 한 건 아니에요. 대한 독립 만세라는 구호 속의 '대한'은 왕이 다스린 조선이나 황제가 다스린 대한 제국이 아니었어요. 그렇기에 독립 만세 운동 자체는 일본 경찰에 진압됐지만, 이를 경험한 사람들 마음에는 커다란 자부심이 생겨났어요.

독립 만세 운동이 일어나고 40일이 지난 후, 중국 상하이에 대한민국 임시 정부가 만들어졌어요. 이때 우리 민족이 새로 세울 나라의 이름을 '대한민국'이라 정하고, 정치 체제는 '민주공화제'로 결정했어요. 국호를 제국이 아닌 민국으로 정한 것은 매우 중요해요. 예전처럼 왕이나 황제가 다스리는 나라로 돌아가지 않고, 백성이 주인이 되는 나라를 만들겠다는 의지를 표현했기 때문이지요.

3·1 운동은 일본에 저항하고 반대한 운동에 그치지 않고 새로운 나라를 꿈꾸는 운동이었어요. 특정한 계급이나 핏줄이 지배하는 나라가 아니라 모든 국민이 주인이 되는 나라를 세우고자 한 거예요. 오늘날까지 이어진 이 정신은 대한민국 헌법 전문에 잘 나타나 있어요. 헌법 전문은 이렇게 시작해요.

우리 대한국민은 3·1 운동으로 건립된 대한민국 임시 정부의 법통을 계승한다.

이처럼 3·1 운동은 대한민국을 탄생시킨 중요한 사건이에요.

더 알아볼까요?

 **제암리 학살 사건**

　1919년 4월 15일 오후 2시, 경기도 수원군 향남면 제암리에 총칼로 무장한 일본군과 경찰이 들이닥쳤어요. 그들은 마을 주민들에게 예배당에 모이라고 명령했지요. 겁에 질린 주민 30여 명은 영문도 모른 채 예배당 안으로 모였어요. 그러자 일본군은 바깥에서 출입문과 창문을 모두 잠그고 예배당에 불을 지른 뒤, 주민들을 향해 일제히 사격을 시작했어요. 이로 인해 예배당 안에서 23명, 마당에서 6명이 목숨을 잃었어요. 일본군은 돌아가는 길에도 인근 예배당과 민가에 불을 질러 더 많은 사람들을 죽고 다치게 했어요. 이들의 만행에 분노한 사람 중에 미국 선교사 스코필드가 있었어요. 그는 이 사건에 관한 보고서를 써서 미국에 보냈고, 그 보고서 덕분에 일제의 잔혹한 폭력을 세상에 알릴 수 있었답니다.

　일본군은 그날 왜 제암리에 출동해 사람들을 죽였을까요? 학살 사건이 있기 보름 전인 3월 31일 향남면 발안리 장터에 모인 1,000여 명이 대한 독립 만세를 외쳤어요. 경성 파고다 공원에서 독립 만세 운동이 시작되고 한 달 만에 수원에서도 독립 만세 운동이 일어난 거예요. 그때 일본 경찰이 폭력으로 시위를 진압하자 분노한 시위대가 저항하면서 충돌이 일어났어요. 그 과정에서 일본인 순사 부장이 사망하고, 경찰 주재소와 일본인 상점 여러 개가 불타 버렸지요. 제암리에서 벌어진 학살은 이 사건에 대한 보복이었어요. 사건과 아무 관련이 없는 주민들을 무자비하게 죽임으로써 공포심을 심으려 했던 거예요.

 **봉오동 전투와 청산리 대첩**

전국에서 일어난 3·1 운동은 우리 민족이 크게 각성하는 계기가 되었어요. 특히 많은 청년이 만주로 넘어가 무장 독립운동에 헌신하게 되지요. 3·1 운동을 잔인하게 진압한 일제를 겪으면서 무장 투쟁이 필요하다고 생각하는 사람들이 많아졌기 때문이에요.

만주 지역에 독립군의 무장 활동이 활발해지자 일제는 독립군을 소탕하기 위한 작전을 본격적으로 펼쳤어요. 이에 독립군도 가만히 있지 않았지요. 각자 흩어져서 싸우던 독립군들은 서로 힘을 합쳐 세력을 키우기로 합의했어요. 마침내 1920년 5월, 홍범도가 이끄는 대한 독립군과 안무가 이끄는 대한국민군 그리고 최진동이 이끄는 군무도독부가 연합 부대를 결성했어요. 그리고 연합 부대의 이름을 '대한북로독군부'라고 정했답니다. 대한북로독군부는 봉오동에 집결해 한반도 안의 일본군을 공격하는 진공 작전을 펼치게 되었어요.

봉오동 전투는 1920년 만주 봉오동에서 독립군 부대와 일본군이 벌인 전투예요. 첫 충돌은 일종의 유인 작전이었어요. 1920년 6월 4일 독립군 1개 소대가 일본군 헌병 초소를 습격하자, 이에 화가 난 일본군 수비대 1개 중대가 반격에 나섰어요. 6월

청산리 대첩에서 대승을 거두고 난 뒤 독립군들은 기념사진을 찍었어요. 맨 앞에 앉아 있는 사람이 김좌진 장군이에요.

6일 오전 10시 잠복해 있던 독립군 앞에 일본군이 나타났어요. 독립군은 기회를 놓치지 않고 일제히 사격을 퍼부어 일본군 60명을 사살했지요. 이때 독립군도 2명이 전사했어요. 더 화가 난 일본군은 기관총으로 무장한 1개 대대를 출동시켰어요. 하지만 독립군은 이때도 끈질기게 잠복해 있다가 6월 7일 새벽, 기습 공격을 감행해 승리를 거두지요. 독립군은 이 전투에서 일본군 120여 명을 사살하는 전과를 올렸어요. 봉오동 전투는 만주에서 싸우는 독립 무장 세력에게 엄청난 자신감을 불어넣어 줬어요.

  그 뒤 1920년 10월에는 청산리에서 더 큰 전투가 벌어졌어요. 이때 김좌진 장군이 이끄는 북로군정서군과 홍범도 장군이 이끄는 대한 독립군이 주도한 연합 부대가 더 강력해진 일본군에 맞섰어요. 청산리 일대에서는 10여 차례에 걸쳐 치열한 전투가 벌어졌고, 독립군이 크게 이겼답니다. 이 전투에서 연대장을 포함해 1,200여 명이나 되는 일본군을 사살했어요. 물론 치열한 전투여서 안타깝게도 독립군도 100여 명이 전사했지요. 이 전투는 독립군이 올린 최고의 승리라 하여 '대첩'이라고도 부른답니다.

★ 정부와 헌법

★ 한반도의 분단

★ 제헌 국회

★ 헌법의 공포

★ 헌법의 변천

더 알아볼까요? 헌법, 법률과 조약, 명령, 조례와 규칙 등 법의 종류
　　　　　　　헌법 재판소

제헌절

: 나라의 기본이 되는
  법을 만들다

정부와 헌법

제헌절의 뜻을 풀이하면 '헌법을 만든 날'이에요. 그런데 다른 법들도 많은데, 왜 헌법 만든 날만을 특별히 국경일로 정했을까요? 그 이유는 헌법이 나라를 만드는 데 기본이 되는 가장 중요한 법이기 때문이에요.

많은 사람이 모여서 하나의 단체를 만들려면 전체가 동의할 수 있는 약속이 필요해요. 단체를 어떤 형태로 만들 것인지, 이름은 무엇이라 할 것인지, 어떤 가치를 담을 것인지, 모두가 지켜야 할 규칙은 무엇인지를 분명하게 정해야 한답니다. 이런 약속이 없으면 갈등이 생겼을 때 조정하거나 수습하기가 어렵기 때문이에요. 어쩌면 단체가 분열되어 산산조각이 날지도 몰라요.

국가도 하나의 단체여서 서로 지켜야 하는 약속이 꼭 필요해요. 이때 가장 기본이 되는 약속이 바로 헌법이에요. 헌법은 그 나라가 어떤 나라인지를 보여주는 설계도와 같아요. 3·1 운동 이후 중국 상하이에서 임시 정부가 만들어졌고, 새로 만들 나라 이름을 '대한민국'이라 정하기로 했지요. 바로 지금 우리가 사용하는 나라 이름이에요. 이때 나라 이름 말고도 결정된 안건이 하나 더 있었어요. 대한민국 임시 정부의 첫 번째 헌법이라 할 수 있는 '대한민국 임시 헌장'을 제정했답니다.

임시 헌장 제1조는 대한민국은 민주공화제를 채택한다는 내용을 담고 있어요. 왕이 다스리는 군주국가가 아니라 국민이 주권을 갖는 민주공화국을 만든다고 약속한 거예요. 이 임시 헌장은 모두 10개의 조항으로 구성되어 있어요. 대한민국이라는 나라에 대한 최초의 생각과 비전이 담겨 있지요. 내용을 함께 살펴볼까요?

제1조 대한민국은 민주공화제로 한다.
제2조 대한민국은 임시 정부가 임시 의정원의 결의에 의하여 통치한다.
제3조 대한민국의 인민은 남녀, 귀천 및 빈부의 계급이 없고 일체 평등하다.

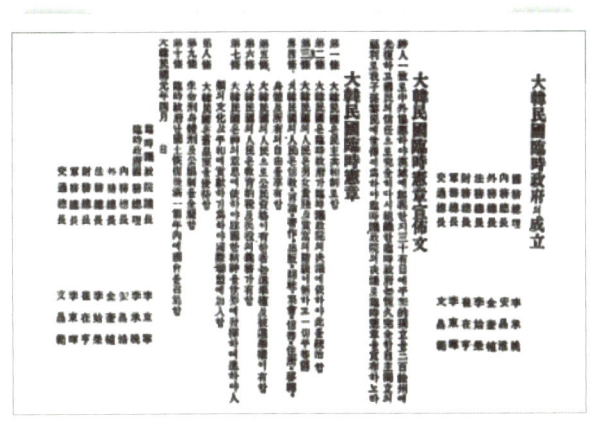

대한민국 임시 헌장

대한민국 임시 헌장은 1919년 4월 11일에 대한민국 임시 정부가 선포한 우리나라 최초의 헌법이에요. 이를 바탕으로 같은 해 9월 11일, 대한민국 임시 헌법이 만들어졌지요.

제4조 대한민국의 인민은 종교, 언론, 저작, 출판, 결사, 집회, 통신, 주소 이전, 신체 및 소유의 자유를 누린다.

제5조 대한민국의 인민으로 공민 자격이 있는 자는 선거권과 피선거권이 있다.

제6조 대한민국의 인민은 교육, 납세 및 병역의 의무가 있다.

제7조 대한민국은 신神의 의사에 의해 건국한 정신을 세계에 발휘하고 나아가 인류 문화 및 평화에 공헌하기 위해 국제 연맹에 가입한다.

제8조 대한민국은 구황실을 우대한다.

제9조 생명형, 신체형 및 공창제公娼制를 전부 폐지한다.

제10조 임시 정부는 국토 회복 후 만 1개년 내에 국회를 소집한다.

각 조항을 살펴보면, 먼저 제2조는 입법과 행정을 분리하고, 행정은 입법에 따라야 한다는 내용이에요. 임시 의정원은 임시 정부의 의회이며, 입법부 역할을 했어요. 제3조는 성별과 재산, 신분에 구분 없이 모든 국민이 평등한 권리를 갖는다는 내용이고, 제4조는 대한민국의 국민 모두는 언론, 출판, 집회 및 시위, 거주 이전의 자유를 갖는다는 내용이에요. 제5조는 대한민국의 국민은 피선거권, 즉 선거에 출마할 자격을 갖는다고 했어요. 제6조는 대한민국의 국민으로서 지켜야 할 의무를 제시했고, 제7조는 국제 사회 일원으로 국제 연맹 가입을 선언했어요. 제8조는 대한 제국의 황실을 우대하겠다는 내용을 담았고, 제10조는 국토를 회복한 뒤 1년 안에 국회를 소집한다는 내용이에요. 단 10개지만 대한민국을 처음 설계한 선조들의 꿈과 고민이 느껴지는 조항들이랍니다.

한반도의 분단

1919년에 임시 정부가 만든 임시 헌장은 그야말로 임시일 수밖에 없었어요. 한반도를 일본이 장악한 상태여서 온전한 정부를 세울 수 없었기 때문이에요. 진짜 대한민국 정부는 1945년 해방이 되고 나서도 3년이 더 흐른 뒤인 1948년에야 만들어졌어요. 그 사이 한반도는 분단이라는 억울한 현실을 받아들여야 했답니다.

북위 38도선을 기준으로 한반도의 남쪽은 미국군이, 북쪽은 소련군이 점령했어요. 미국군과 소련군이 아직 만들어지지 않은 정부를 대신해 정부 역할을 한 것이지요. 이렇게 나뉘게 된 이유는 당시 강대국이었고 이념이 달랐던 미국과 소련이 서로를 견제하기 위해 우리나라를 희생양으로 삼았기 때문이에요. 태평양 전쟁을 일으키고 패전국이 된 일본 대신 한반도가 억울하게 분단된 거랍니다.

우리 민족은 1000년 넘게 한반도에서 하나의 민족으로 살았기에 분단을 받아들이는 게 쉽지 않았어요. 한반도에 대한민국 정부가 하나만 있어야지 둘이 존재한다는 건 상상할 수도 없었지요. 하지만 미국과 소련의 힘은 우리

한반도가 분단된 모습
한반도는 일제로부터 독립은 했지만 북위 38도선을 기준으로 남쪽은 미국이, 북쪽은 소련이 점령하면서 둘로 나뉘고 말았어요.

민족이 감당하기에는 너무 버거웠어요. 시간이 흐르면서 분단을 현실로 받아들이고 가능한 정부부터 먼저 세우자는 목소리가 힘을 얻게 되었답니다.

결국 1948년, 남쪽과 북쪽에 서로 다른 정부가 들어섰어요. 남쪽에는 국호가 '대한민국'인 국가가 8월 15일에 수립되었고, 북쪽에는 국호가 '조선민주주의인민공화국'인 국가가 9월 9일에 수립되었어요.

제헌 국회

국가를 세우려면 헌법이 꼭 필요해요. 헌법을 만들기 위해서는 먼저 입법 기관인 의회가 있어야 하지요. 대한민국의 의회를 만들기 위해 1948년 5월 10일에 국회 의원을 뽑는 총선거가 실시되었어요. 이렇게 국제 연합의 감독 아래 진행된 선거에서 총 200개의 의석 가운데 198명의 국회 의원이 선출되었어요. 2개의 선거구가 배정된 제주도에서 불상사가 일어나 선거를 치르지 못했기 때문이에요. 이 선거에 독립운동가인 김구와 김규식 등은 불참했어요. 남한만 치르는 단독 선거는 옳지 않다고 생각했기 때문이에요.

이렇게 선출된 국회 의원으로 구성된 제헌 국회는 5월 31일에 첫 회의를 했어요. 제헌 국회의 가장 큰 사명은 대한민국의 헌법을 만드는 것이었지요. 초대 국회 의장으로는 의원 중에 가장 나이가 많았던 이승만이 선출되었어요. 제헌 국회에서는 6월부터 헌법을 만들기 시작했고, 헌법 초안에 각 정당의 의견이 더해지고 내용 수정이 이루어졌답니다.

헌법을 제정할 때 있었던 흥미로운 이야기가 있어요. 헌법 초안에는 대한민국 정부가 의원 내각제를 채택한다고 되어 있었어요. 독일·영국에서 시행

제헌 국회 총선 투표 광경
제헌 국회 총선은 우리나라 최초의 선거로, 남녀에게 동등한 투표권이 주어졌어요.

하는 의원 내각제는 다수당의 총리가 국정 운영을 책임지는 방식이에요. 그런데 의장인 이승만이 미국처럼 대통령제를 해야 한다고 강력하게 주장했답니다. 국가 수장이 될 가능성이 가장 높았기에 수장의 힘이 더 강한 대통령제로 바꾸고 싶었던 거예요.

헌법의 공포

대한민국 임시 정부 시기인 1919~1945년까지 사용한 태극기

우리나라 국기인 태극기는 흰 바탕에 빨강과 남색의 태극 문양이 가운데에, 검은색의 건·곤·감·리 4괘가 네 귀를 둘러싼 모양이에요. 태극기는 대한 제국과 대한민국 임시 정부뿐만 아니라 대한민국 정부 수립 이후에도 정식 국기로 사용되고 있답니다.

　제헌 국회를 거쳐 완성된 대한민국 최초의 헌법은 1948년 7월 17일에 공포되었어요. 태조 이성계가 조선 왕조를 세운 날이 음력 7월 17일인 것을 반영해 양력 7월 17일을 헌법 공포일로 채택했지요. 그리고 바로 이를 기념하는 날이 제헌절이에요. 제헌 헌법에 따라 7월 20일에는 국회 의원만이 참여한 대통령 선거가 있었고, 이승만이 대통령으로 선출되었답니다. 그리고 광복절인 8월 15일에 이승만을 초대 대통령으로 하는 대한민국 정부가 정식으로 출범했어요.

 **헌법 전문**

　대한민국 임시 헌장의 내용은 헌법이 만들어질 때 얼마나 반영되었을까요? 먼저 헌법의 전문을 살펴보기로 해요. 헌법에서는 조항 못지않게 전문도 중요하답니다. 헌법을 제정한 과정과 목적 그리고 따르기로 동의한 이념과 가치를 밝히고 있기 때문이지요. 우리나라 최초의 헌법 전문은 이렇게 시작해요.

　　유구한 역사와 전통에 빛나는 우리들 대한국민은 기미 3·1 운동으로 대한민국을 건립하여 세계에 선포한 위대한 독립 정신을 계승하여…

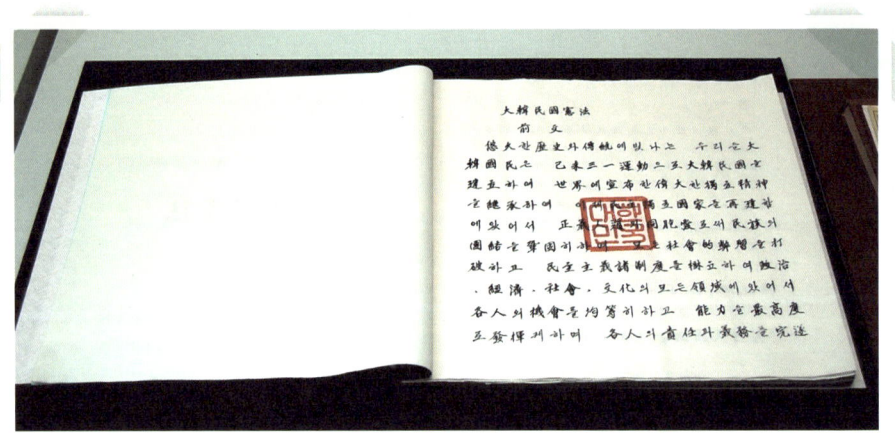

제헌 헌법 전문

전쟁기념관에 전시된 제헌 헌법은 대한민국 헌법 제1호라고도 해요. 전문과 본문을 합하여 10장 103조로 구성되어 있어요.

3·1 운동이 계기가 되어 임시 정부가 만들어지고, 대한민국이라는 국호를 정했으며, 나라 형태는 민주공화국으로 한다는 전문을 통해, 1948년에 수립된 정부가 임시 헌법의 전통을 계승함을 분명하게 알 수 있어요. 그래서 제헌 헌법 제1조는 '대한민국은 민주공화국이다'랍니다. 이 조항은 지금도 헌법 제1조 1항으로 이어지고 있어요.

헌법의 변천

　헌법이 국가의 기초가 되는 중요한 법이긴 하지만 절대 고칠 수 없는 불변의 법은 아니에요. 시대와 상황에 따라 내용을 바꿀 수 있는데, 이를 '개헌'이라고 해요. 물론 헌법은 모든 법의 기초이다 보니 쉽게 바꿀 수는 없어요. 개헌을 하려면 국회 의원 2/3 이상이 동의한 다음, 모든 국민이 참여하는 국민 투표에서 절반 이상의 지지를 받아야 한답니다.

　지금까지 우리나라에서는 아홉 번의 개헌이 있었어요. 그중 다섯 번은 일부 개정이었고, 네 번은 전문 개정이었어요. 개헌은 대통령을 선출하는 방법을 바꿀 때와 정치적으로 급격한 변화가 일어나 정권이 다른 세력으로 교체될 때 일어났어요. 특히 대통령의 임기를 4년씩 두 번까지 연임할 수 있다고 되어 있던 내용을, 두 번 이상 하려고 억지로 바꾸는 부끄러운 역사도 있었답니다. 이를 이승만 정부 때는 '사사오입 개헌', 박정희 정부 때는 '삼선 개헌'이라고 불렀어요. 또한 독재 정권에서 민주 정권으로, 다시 독재 정권으로 갔다가 민주 정권으로 바뀌는 과정에서도 헌법이 바뀌었어요. 이승만 독재에 항거한 4·19 혁명 이후 헌법이 바뀌었고, 군인 출신 대통령 박정

1972년 10월 유신을 발표하고 있는 김성진 청와대 대변인

1972년 10월 17일에 계엄과 국회 해산 및 헌법 정지 등을 내용으로 하는 대통령 특별 선언이 발표되었어요. 열흘 뒤 이 특별 선언을 일본의 메이지 유신을 본떠 '10월 유신'이라고 명명했지요. 박정희 정부는 국민투표를 통해 특별 선언 네 가지를 헌법으로 개정하기까지 했어요.

희가 독재를 강화하고 민주화 운동을 억압하기 위해 '유신 헌법'을 만들기도 했어요.

현재 대한민국의 헌법은 1987년 전국에 걸쳐 일어난 민주화 운동이 성공하면서 바뀐 거예요. 대통령은 국민이 직접 투표로 선출하고, 임기는 5년 단임제로 못박아 놓았지요. 그렇지만 만들어진 지 40년이 다 되어가는 이 헌법 역시 내용 수정이 필요하다는 목소리가 커지고 있어요. 다음은 현재의 헌법 전문 내용이에요.

> 유구한 역사와 전통에 빛나는 우리 대한국민은 3·1 운동으로 건립된 대한민국 임시 정부의 법통과 불의에 항거한 4·19 민주 이념을 계승하고…

3·1 운동을 언급한 건 1919년 대한민국 임시 헌장과 똑같아요. 여기에 임시 정부의 법통과 불의에 항거한 4·19 혁명의 정신을 계승한다고 밝힌 부분이 추가되었지요. 만약 지금의 헌법을 개정한다면, 헌법 전문에 1980년에 일어난 '5·18 광주 민주화 운동'의 정신을 포함해야 한다는 의견이 많답니다.

제헌절은 말 그대로 헌법을 만든 날이지만, 그 말에 담긴 가치와 의미를 꼭 기억했으면 해요.

더 알아볼까요?

 **헌법, 법률과 조약, 명령, 조례와 규칙 등 법의 종류**

　대한민국의 법령에는 순서가 있어요. 제일 위에 '헌법'이 있고, 그 아래에 '법률과 조약', 그 아래에는 '명령' 또 그 아래에는 '조례와 규칙'으로 구성돼 있어요. 법체계는 명확한 위계를 가지고 있어요. 모든 법이 헌법을 위배하면 안 되는 것은 물론이고, 하위법이 상위법을 위배해도 안 된답니다.

　헌법은 국가가 존재하기 위한 가장 기본적인 약속이자 규범이에요. 이 규범을 바탕으로 해서 다른 법들이 탄생할 수 있지요. 여기에는 국민의 권리와 의무를 비롯해 국가의 권력 구조와 범위 등을 정의하고 있어요. 법률은 국회가 제정하는 법을 말해요. 헌법이 위임하거나 헌법에 위배되지 않는 범위 안에서 국회가 다양한 법률을 만들어 시행하지요. 조약은 나라와 나라 사이에 맺는 약속으로 국회가 비준하면 법률과 똑같은 구속력을 가져요. 명령은 법률을 구체적으로 시행하기 위해 정해지는데, 대부분 '대통령령' 혹은 '시행령'이라고 불러요. 그보다 아래 단계인 '총리령'과 '부령'은 대통령 명령에 대한 세부적인 사항을 국무총리와 장관이 정한 것으로 '시행규칙'이라고도 부르지요. 조례는 국회가 아닌 지방 의회가 제정하는 자치 법규이고, 규칙은 지방 자치 단체의 장이 법령과 조례의 범위 안에서 제정할 수 있답니다.

 헌법 재판소

　헌법 재판소는 법령이 헌법에 맞는지의 여부를 심판하기 위해 설치된 재판 기관이에요. 헌법은 고정돼 있지만 세상은 빠른 속도로 변하고 있어요. 그 변화에 맞춰 법령을 만들다 보면 판단하기 애매한 부분이 생기게 마련이에요. 그때 새로 만든 법령이 헌법 정신에 부합하는지를 따지는 곳이 바로 헌법 재판소랍니다. 물론 헌법 재

나라의 최고 법인 헌법을 다루는 헌법 재판소는 독립된 기관이에요. 재판관 9명은 대통령이 임명하는데 3명은 국회가 선출하는 사람을, 3명은 대법원장이 지명하는 사람을 나머지 3명은 대통령의 권한으로 임명하게 되어 있어요.

판소가 위헌 법률 심사만 하는 것은 아니에요. 탄핵에 대한 심판과 정당 해산에 대한 심판 그리고 국가 기관 간 권한 다툼에 대한 심판도 한답니다.

제헌 헌법에서는 '헌법 위원회'가 법률의 위헌 여부를 심사하게 했어요. 부통령이 위원장이 되고, 대법관 5명과 국회 의원 5명이 위원이 되었지요. 제2공화국 때인 1960년 개헌 후 헌법 재판소 제도가 도입되어 1961년 헌법 재판소법이 제정되었어요. 그러나 헌법 재판소가 구성되기도 전에 군사 쿠데타가 일어나 없던 일이 되고 말았어요. 지금의 헌법 재판소는 민주화로 이뤄진 1987년 개헌 때 탄생했어요. 1988년 헌법 재판소법이 발효되고, 재판관 9명이 임명됨으로써 헌법 재판소가 설립되었답니다.

★ 일제 강점기

★ 일본 제국주의의 성장

★ 일본의 진주만 공격과 태평양 전쟁의 시작

★ 일본의 항복과 한반도 분단

★ 광복의 한계

더 알아볼까요? 맨해튼 프로젝트
　　　　　　　신탁 통치

광복절
: 나라의 빛을 되찾다

일제 강점기

광복光復은 '빛을 되찾다'라는 뜻이에요. 되찾기 위해서는 무엇인가를 잃는 게 먼저 있어야 해요. 그렇다면 우리가 잃어 버렸던 빛은 무엇이었을까요? 바로 주권 혹은 자유예요. 우리나라는 정확하게 1910년 8월 29일부터 1945년 8월 15일까지 일본에 병합됐어요. 이 시기를 일본이 강제로 점거한 기간이라고 하여 '일제 강점기'라고 부른답니다. 여기서 일제란 '일본 제국주의'의 준말이에요. 일본은 19세기 말부터 다른 나라와 민족을 무력으로 침략하고 지배함으로써 제국이 되려고 했거든요.

제국주의 시대

'제국주의'란 군사적·경제적으로 다른 나라나 민족을 정복하여 제국을 건설하려는 침략주의적 경향을 말해요. 사실 이 시기에는 전 세계가 유럽 강대국들의 제국주의 때문에 몸살을 앓고 있었어요.

일본에 내항한 미국 군함

1853년 7월, 페리 제독이 이끄는 미국 해군의 군함 4척이 일본의 우라가에 출현했어요. 미국은 화친과 통상을 요구했고, 일본은 1년 후에 답하겠다며 시간을 벌었지요. 그러나 미국은 반년 만에 일본을 다시 찾았고, 1854년 3월 31일에 미일 화친 조약을 체결했어요. 이 조약으로 시모다시와 하코다테 두 항구를 개항하면서 200년 이상 이어온 일본의 통상 수교 거부 정책은 막을 내렸어요.

프랑스와 영국, 이탈리아 등이 강력한 무기를 앞세워 세계 곳곳을 침략하여 마음대로 국경선을 긋고 자기 땅이라며 깃발을 꽂았지요. 유럽인들은 여러 가지 광물과 고무·커피·향신료 같은 자원을 빼앗고 원주민들에게 강제로 일을 시켰어요. 심지어 원주민을 잡아다가 다른 나라에 팔아넘기는 노예 무역도 서슴지 않았지요.

아프리카 대륙뿐만 아니라 아메리카 대륙도 힘겨운 시간을 보냈어요. 엄청나게 많은 원주민이 목숨을 잃었고, 수천 년간 이어오던 고유 문명도 말살당했답니다. 아시아 대륙도 마찬가지였어요. 200년 가까이 통상 수교 거부 정책을 고집하던 일본은 미국의 페리 제독이 이끄는 군대에 무릎을 꿇었고, 아편 전쟁에서 영국에 패배한 청나라는 홍콩을 내주었어요. 동남아시아 지역에서 서양의 식민 지배를 받지 않은 나라는 태국밖에 없을 정도로 유럽의 제국주의는 전 세계에 고통을 안겨 주었지요.

근대화로 세력을 키운 일본

일본은 미국 때문에 강제로 개항했지만, 아시아에서 가장 먼저 서양 문물을 받아들인 나라가 되었어요. 일본의 정치 지도자들은 아시아인이 아닌 유럽인이 되고 싶어 했어요. 아시아에서 벗어나 유럽으로 들어간다는 뜻의 '탈아입구脫亞入歐'라는 말이 일본 정치 지도자들에게는 바꿀 수 없는 신념이 되었지요.

일본인들이 본받고 싶은 신념에는 제국주의도 있었어요. 유럽인들이 아프리카와 아메리카 대륙, 동남아시아에 저지른 나쁜 행동을 이웃 국가인 조선과 청나라를 상대로 실행했답니다.

근대화로 국력을 키운 일본에 비해 조선을 이은 대한 제국은 무기력하기만 했어요. 결국 1905년 11월 17일, 대한 제국의 외교권을 박탈하는 '을사늑약'을 일본이 강제로 체결했고, 5년 뒤인 1910년 8월 29일에는 대한 제국을

창덕궁 대조전에 있는 흥복헌

1910년 8월 22일, 흥복헌에서 한일 병합 조약 체결을 결정하는 마지막 어전 회의가 열렸어요. 조약 체결에 찬성한 친일파 대신은 이완용, 윤덕영, 민병석, 고영희, 박제순, 조중응, 이병무, 조민희였어요.

일본에 복속시키는 '한일 병합 조약'이 체결되었어요. 지도에서 대한 제국이 사라지고, 한반도 전체가 일본으로 표시되는 상황이 되어 버렸답니다.

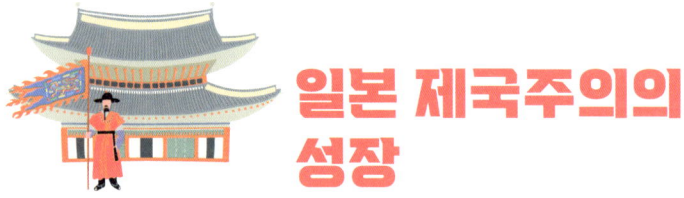

일본 제국주의의 성장

우리나라의 일제 강점기는 제1차 세계 대전이 일어난 시점과 비슷하게 시작해서 제2차 세계 대전이 종료된 시점에 끝이 났어요. 그렇기에 일제의 식민 지배는 한국과 일본 두 나라 사이에서만 일어난 일이 아닌 전 세계가 격동하는 와중에 일어난 사건이라는 사실을 기억할 필요가 있어요.

제1차 세계 대전은 제국주의 선발 국가들과 후발 국가들 사이에 일어난 갈등이라고 요약할 수 있어요. 유럽의 일원이 되고 싶었던 일본은 1902년 영국과 동맹을 맺고, 적극적으로 유럽 제국주의 국가들과 보조를 맞췄어요. 1918년에 끝난 제1차 세계 대전에서는 영일 동맹 덕분에 승전국가 명단에 포함되었지요. 아시아에서는 서양 국가들의 지지를 등에 업은 일본 제국주의의 질주를 막아 설 나라가 없었답니다.

런던의 타워 브리지 근처에 전시된 독일 잠수함 U-155

제1차 세계 대전은 독일·오스트리아 등이 중심인 동맹국과 영국·프랑스 등이 중심인 연합국 사이의 대립이었어요. 사라예보 사건이 계기가 되어 1914년 7월 28일부터 시작된 전쟁은 1918년 11월 11일에 연합국의 승리로 끝났어요. 캐나다·호주·영국 등의 영연방 국가는 제1차 세계 대전을 기억하기 위해 11월 11일을 종전 기념일로, 미국은 재향 군인의 날로 지정해 기념하고 있답니다.

강가에 쌓인 대학살 희생자들

난징 대학살은 난징을 점령한 일본군이 도망친 중국군을 찾는다는 명목으로 무고한 시민을 학살한 사건이에요. 희생자 숫자가 20~30만 명에 달하는 것으로 추정되고 있어요.

대공황과 군국주의

그런데 세계 경제를 뒤흔드는 큰 사건이 발생했어요. 1929년 미국에서 대공황이 시작된 거예요. '대공황'이란 국가 경제가 순식간에 무너지고, 그런 상태가 오랫동안 지속되는 상황을 말해요. 당시에도 미국은 지금처럼 세계에서 가장 강하고 부유했어요. 이런 나라에서 일자리를 잃고 굶어 죽는 사람이 수없이 나왔으니, 이를 지켜보는 세계 많은 나라가 받는 충격은 클 수밖에 없었어요.

미국 경제에 의존하고 있던 일본도 충격을 피할 수 없었어요. 이때 일본이 위기를 극복하기 위해 선택한 카드가 군국주의였어요. '군국주의'란 강력한 군사력을 앞세워 식민지를 넓히고, 식민지의 자원을 수탈해 자국의 곳간을 채우는 것을 말해요. 일본은 대공황이 시작되고 2년이 지난 1931년에 청나라를 침략해 만주 사변을 일으켜 꼭두각시 정부인 만주국을 세웠어요. 1937년에는 중일 전쟁을 일으켰으며, '난징 대학살' 같은 엄청난 만행을 저질렀지요. 1940년부터는 유럽 국가들의 식민지인 인도차이나반도까지 침략했어요.

일본의 진주만 공격과 태평양 전쟁의 시작

　일본의 폭주를 위험하게 바라보던 미국은 일본에 대한 석유 수출을 금지했어요. 당시 전체 석유 사용량의 80%를 미국에서 수입하고 있었던 일본은 화가 머리끝까지 나서 미국을 공격하기로 했지요. 그러고는 1941년 12월 7일 일요일 아침, 하와이 진주만에 있는 세계 최대 규모의 미 해군 기지를 기습 공격했어요.

　이렇게 시작된 태평양 전쟁은 우열을 가리기 어려울 정도로 치열하게 전개되었어요. 진주만에서 해군 전력을 엄청나게 잃은 미국과 기세가 오를 대로 오른 일본은 태평양의 여러 섬을 놓고 일진일퇴의 전투를 벌였어요. 그러나 1942년 6월, 미드웨이 해전에서 미국이 대승을 거두면서 전세는 급격하게 미국 쪽으로 기울었어요. 일본은 싸울 때마다 패했고, 미국은 공군력을 앞세워 도쿄를 비롯한 일본의 주요 도시를 폭격하여 불바다로 만들었답니다.

일본 항공모함을 공격한 미국 폭격기 SBD-3

1942년 6월 4일, 일본의 기습 공격으로 시작된 미드웨이 해전은 이틀간의 격렬한 전투 끝에 미국의 승리로 마무리되었어요. 이 전투에서 일본은 항공모함 네 척을 잃었고, 태평양에서의 해군 장악력을 상실하고 말았지요.

 일본의 결호 작전

전세가 기울었지만 일본은 절대 항복하지는 않았어요. 오히려 일본 본토가 공격당하는 상황이 되자 일본은 1945년 1월 20일 '결호 작전'을 시행했어요. 결호 작전이란 일본 전역에 주요 거점을 지정하고(결호), 군인은 물론 민간인도 무장시켜 미군을 상대로 목숨을 걸고 싸우게 하는 것을 말해요. 이는 죽음을 각오하고 싸우는 '결사 항전', 즉 국민들을 총알받이로 동원하여 무의

제주도에 배치된 일본군 10식 해안포

일본의 식민지였던 우리나라에서도 결호 작전이 시행되었어요. 특히 제주도는 전략적 요충지여서 일본은 강도 높게 결호 작전과 전투를 준비했어요. 다행히 대규모 전투는 벌어지지 않았고, 1945년 8월 15일 일왕의 항복으로 제주도에서의 결호 작전은 와해되었어요.

미한 희생을 키우는 것이었어요.

일본은 패배를 피할 수 없다면 항복 조건을 조금이라도 유리하게 확보하기 위해 미군에게 더 피해를 입혀야 한다고 생각했어요. 일본이 지키고 싶었던 것은 천황제와 한반도를 포함한 식민지 유지였어요. 목적을 달성하기 위해서라면 수많은 군인과 민간인이 희생되어도 상관없다고 여긴 거예요.

미국과 소련의 협공

일본이 항복하지 않고 끝까지 저항하자 미국의 피해도 엄청나게 불어났어

히로시마 원자 폭탄 폭발로 만들어진 버섯구름
1945년 8월 6일 오전 8시 15분 30초, 미국 폭격기 이놀라 게이가 '리틀 보이'라는 이름의 원자 폭탄을 히로시마에 떨어뜨렸어요. 순간 오렌지색 섬광이 번득였으며, 곧바로 거대한 버섯구름이 피어올랐지요. 엄청난 인명 피해를 목격한 전 세계는 원자 폭탄의 위험성을 인지하게 되었어요.

요. 이에 미국 트루먼 대통령은 전쟁을 빨리 끝내기 위해 중요한 결정을 내렸어요. 바로 원자 폭탄의 사용이었지요. 미국은 1945년 8월 6일에 히로시마, 9일에는 나가사키에 원자 폭탄을 떨어뜨렸답니다.

나가사키에 원자 폭탄이 떨어지던 날, 소련이 일본을 향해 선전 포고를 하고는 만주국을 침공했어요. 일본은 그야말로 사면초가였어요. 태평양에서의 미국 공격과 한반도 북쪽에서의 소련 공격을 동시에 대응해야 하는 상황에 부닥쳤어요. 당시 소련은 태평양 전쟁 승리로 인한 이득을 미국만 누리게 할 수 없다고 생각해서 서둘러 참전했다고 해요.

일본의 항복과 한반도 분단

1945년 8월 16일 오전 9시 마포 형무소 앞

당시 라디오를 가진 조선인들은 많지 않았고, 히로히토 천황의 항복 발표 방송은 잡음이 심했어요. 게다가 천황은 어려운 한자가 섞인 일본 황족어로 말을 해서 이를 알아들을 수 있는 사람들은 소수였지요. 그래서 우리 민족 대다수가 해방 사실을 알게 된 건 다음날인 1945년 8월 16일이었대요.

결국 일본은 저항을 포기하고 1945년 8월 14일에 항복 의사를 연합국에 전달했어요. 그리고 이튿날인 8월 15일 낮 12시, 일본 천황은 라디오 방송을 통해 무조건 항복한다고 발표했답니다. 바로 이날이 우리가 자유와 권리의 빛을 되찾은 광복절이 된 거예요.

하지만 우리나라 사람들은 마냥 기뻐할 수 없었어요. 8월 15일에 이미 소련이 한반도에 들어와 일부 지역을 점령하고 있었거든요. 이에 화들짝 놀란 미국은 소련이 한반도 전체를 차지하는 상황을 막기 위해 서둘러 협상을 했어요. 그래서 북위 38도선을 가운데 두고 북쪽은 소련군이, 남쪽은 미군이 주둔하기로 합의했어요. 우리 민족의 의사는 전혀 묻지 않은 채 두 나라가 내린 일방적인 결정으로 우리나라는 국토가 분단되는 또 다른 비극을 겪게 된 거예요.

국내 진공 작전

일본·미국·소련 등 강대국의 힘으로 한반도가 좌지우지되는 동안 대한민국 임시 정부는 무엇을 하고 있었을까요? 물론 강대국만 바라보고 있지는 않았어요. 1940년대에 접어들면서 일본의 힘은 약해졌고, 임시 정부는 기회를 노리며 여러 전투에 참전했어요. 1944년 미얀마와 인도의 국경 지역인 임팔을 일본군이 공격했을 때 임시 정부는 한국광복군을 파견했어요. 또한 1945년 초, 일본의 이오시마와 오키나와에서 벌어진 전투 상황을 지켜보고는 일본의 패망이 멀지 않았다고 판단해, 본격적으로 서울 탈환을 위한 작전을 준비했지요. 우리의 힘으로 수도 서울을 탈환한다는 목표로 '국내 진공

한국광복군 성립 전례식 기념사진

1940년 각각의 무장 투쟁 세력을 하나로 모아 임시 정부가 한국광복군을 조직했어요. 만주와 연해주에서 온 독립군과 조선의용대 그리고 학도병으로 끌려갔다가 탈출한 군인들이 힘을 합친 한국광복군의 기세는 대단했다고 해요.

작전'이 시작되었어요. 하지만 당시 임시 정부는 큰 전투를 치를 힘을 갖고 있지 못했어요. 그래서 미국의 정보기관인 전략사무국으로부터 전투기와 잠수함, 공수 부대 등을 지원받기로 했답니다. 한국광복군에서 선발된 군인들은 전략사무국 부대에서 특수 훈련을 함께 받았지요.

건국 준비 위원회

한편 국내에서는 일본의 패망을 예감한 선각자들이 1944년 8월에 비밀 독립운동 단체인 '건국 동맹'을 결성했어요. 3·1 운동에 기여했던 여운형이 주도한 조직이었어요. 이 건국 동맹은 일본이 항복하자마자 공식 조직인 '건국 준비 위원회'로 확대·개편했어요. 이때 조선 총독부에서는 급하게 여운형을 찾았지요. 모든 권한을 넘길 테니 일본인들이 한반도를 안전하게 빠져나갈 수 있게 도와 달라고 부탁하기 위해서였답니다. 여운형은 다음과 같은 조건을 내세워 이를 받아들였어요.

건국 준비 위원회의 깃발

건국 준비 위원회는 여운형, 안재홍 등을 중심으로 일본으로부터 행정권을 인수받기 위하여 조직되었어요. 소련이 주둔한 38도선 이북에서는 조만식 등이 주축이 되었어요.

① 전국에서 정치범과 경제범을 즉시 석방할 것.

② 8, 9, 10월 3개월간 식량을 확보할 것.

③ 치안 유지와 건국 운동을 위한 정치 활동에 절대로 간섭하지 말 것.

④ 학생과 청년을 훈련, 조직하는 활동에 절대로 간섭하지 말 것.

⑤ 노동자와 농민을 건국 사업에 동원하는 것에 대하여 절대로 간섭하지 말 것.

광복의 한계

일본의 패망을 예상했던 대한민국 임시 정부와 한국에 남아 있던 독립운동가들은 대한민국의 독립과 건국을 위해 노력했어요. 하지만 우리의 계획은 빗나갔답니다. 8월 18일로 계획되어 있던 한국광복군의 국내 진공 작전은 8월 15일에 일본이 항복하면서 없던 일이 되어버렸어요. 또 여운형이 주도했던 건국 준비 위원회는 미군정의 인정을 받지 못해 준비한 만큼의 성과를 내지 못했어요. 우리의 힘이 아닌 강대국에 의해 이루어진 광복은 지금까지도 많은 아쉬움을 남기고 있답니다.

만약 한국광복군의 국내 진공 작전이 성공했고, 미군정이 건국 준비 위원회를 국정 운영을 위한 파트너로 인정했다면, 한반도는 지금과는 다른 모습일지도 몰라요. 역사에 '만약'은 없지만, 광복절 하루만이라도 이런 상상을 해 보는 것은 어떨까요? 과거를 떠올리며 후회하는 것이 아니라 앞으로 비슷한 상황이 주어질 때 조금이라도 지혜로운 판단을 내리기 위해서 말이지요.

더 알아볼까요?

 **맨해튼 프로젝트**

제2차 세계 대전이 일어나는 동안 과학 기술은 엄청나게 발달했어요. 당시 각국 정부에서는 상대방을 단번에 없앨 수 있는 강력한 폭탄을 개발하는 데 모든 과학 지식과 기술력을 집중했기 때문이에요. 1940년이 되면서 독일과 일본에서 각각 핵분열 에너지를 이용해 엄청난 파괴력을 지닌 폭탄을 만든다는 정보가 연합국 쪽에 입수되었어요. 그 시대 과학자들은 핵폭발의 엄청난 파괴력을 모두 잘 알고 있었답니다. 원자 폭탄을 먼저 개발하는 나라가 승전국이 되는 상황이었어요.

루스벨트 미국 대통령은 1942년 12월 28일에 원자 폭탄 개발 계획을 승인했어요. 그 계획의 이름이 바로 '맨해튼 프로젝트'랍니다. 이 프로젝트를 진두지휘한 과학자가 바로 로버트 오펜하이머예요. 그는 미국에 있는 각 분야 최고의 과학자들을 끌어모아 원자 폭탄 개발에 몰두했어요.

원자 폭탄 개발은 생각보다 쉽지 않았어요. 프로젝트가 시작된 지 2년 반이 지난 1945년 7월 16일, 미국 뉴멕시코의 한 사막에서 인류 최초로 핵폭발 실험이 성공했어요. 핵폭발 때 발생한 빛은 400㎞ 떨어진 곳에서도 목격됐고, 엄청난 폭발음은 80㎞ 떨어진 곳까지 들렸어요.

미국 정부는 한창 전쟁 중이던 일본에 원자 폭탄을 사용하기로 했어요. 실험에

인류 최초의 핵폭발 실험

1945년 인류 최초의 핵폭발 실험이었던 트리니티 실험 현장을 찾은 오펜하이머(왼쪽)의 모습이에요. 낙진 때문에 흰색 방제화를 신고 있어요.

성공하고 한 달이 채 지나지 않은 8월 6일에는 히로시마에, 8월 9일에는 나가사키에 원자 폭탄이 떨어졌어요. 두 번의 핵폭발로 15~25만 명에 이르는 사람들이 목숨을 잃었습니다. 그리고 일본은 8월 15일에 항복했고, 우리나라는 일제에서 해방되었어요.

 **신탁 통치**

우리나라는 1945년 8월 15일 일제에서 해방되기는 했지만 완전한 독립은 이루지 못했어요. 삼팔선을 기준으로 남쪽에는 미군이, 북쪽에는 소련군이 주둔하면서 군대가 지배하는 '군정'이 만들어졌기 때문이에요. 그해 12월 16일, 소련의 수도 모스크바에서는 소련과 미국 그리고 영국의 외무장관이 모여 패전국의 식민지를 어떻게 할지를 결정하기 위한 회의가 열렸어요. 여기에는 당연히 한반도도 포함되었지요. 한반도에 대해서는 다음과 같은 결정이 내려졌어요.

① 한국에 민주 임시 정부를 수립한다.
② 한국의 임시 정부 수립 및 제반 현안을 논의하는 미소 공동 위원회를 개최하며, 미소 공동 위원회는 이를 한국의 정당·사회단체와 협의한다.
③ 한국 임시 정부와 협의 후 미국, 소련, 영국, 중국 등 4개국이 공동으로 최대 5년간 신탁 통치를 실시한다.

이 결정이 크게 문제가 있던 것은 아니었어요. 주변 강대국들이 합의한 가운데 5년 이내의 유예 기간을 두고 독립 정부를 수립하게 하자는 것이었으니까요. 문제는 이 결정을 보도하는 과정에서 벌어졌어요. 이튿날 동아일보가 "소련은 신탁 통치를 주장하고, 미국은 한국의 즉시 독립을 주장한다"라고 기사를 쓴 거예요. 명백한 오보였지요. 하지만 이 기사가 잠재해 있던 우리 민족의 예민한 감정을 건드리고 말았어요. 수많은 사람이 신탁 통치를 또 다른 식민 지배로 이해했거든요. 당장 신탁 통치 반대 운동이 전국적으로 벌어지면서 온 국민이 친탁파와 반탁파로 나뉘어 상대방을 공격하기 시작했어요. 이때 불거진 갈등이 불씨가 되어 결국 분단과 전쟁으로 이어지고 말았답니다.

- ★ 한반도에 사는 우리
- ★ 단군을 섬기는 대종교
- ★ 개천절을 국경일로
- ★ 연호
- ★ 단기와 서기

더 알아볼까요? 　단군 신화
　　　　　　　　　고조선

개천절
:한반도에 하늘이 열리다

한반도에 사는 우리

개천절은 '하늘이 열린 날'이라는 뜻이에요. 여기서 하늘은 우리가 매일 올려다보는 그 하늘이 아니라 '새로운 세상'을 말해요. 그렇기에 개천절은 우리 민족, 한민족이 탄생한 날이라는 의미랍니다. 정확하게는 우리 민족이 세운 최초의 나라인 고조선의 건국을 기념하는 날이에요.

한반도에는 대한민국 이전에도 수천 년간 여러 나라가 있었고, 수많은 사람이 살았어요. 고구려·백제·신라의 삼국과 통일신라가 약 1,000년, 고려가 약 470년, 조선이 약 500년 정도 유지되었으니 이 기간만 합쳐도 2,000년 가까이 되지요. 사는 시대와 소속된 나라가 달랐어도 한반도에 살아온 사람들은 '우리'라는 인식을 항상 가지고 있었어요. 서해 건너에 있는 중국 대륙의 사람들과 남해 건너에 있는 일본 섬의 사람들과는 다른 민족이라고 생각한 거예요. 대표적인 증거가 고려시대에 발간된《삼국사기》와《삼국유사》예요.

《삼국사기》와 《삼국유사》

《삼국사기》는 고려 인종의 지시를 받아 김부식이 1145년에 완성한 역사책이고, 《삼국유사》는 승려 일연이 1281년에 완성한 역사책이에요. 《삼국사기》가 정부에서 만든 공식 보고서라면, 《삼국유사》는 개인이 집필한 책이지요. 그렇지만 두 책 모두 각기 다른 나라였던 고구려·백제·신라를 같은 민족으로 봤다는 점이 매우 중요해요.

《삼국사기》의 집필을 책임졌던 김부식은 관리이자 유학자였어요. 고구려·백제·신라에서 있었던 여러 사건과 인물을 엄격한 기준으로 선정해 다루고 있지요. 반면 《삼국유사》는 사람들 사이에서 전해 내려오는 이야기들

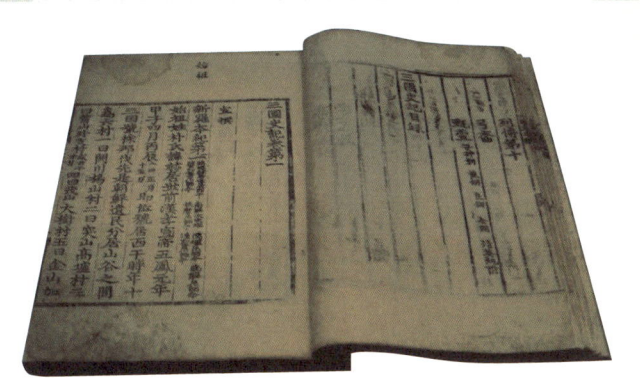

《삼국사기》
삼국사라고도 하는 《삼국사기》는 1145년에 완성되었어요. 삼국의 흥망과 변천을 다룬 역사서로, 국보로 지정되어 있어요. 《삼국사기》는 현존하는 가장 오래된 역사서예요.

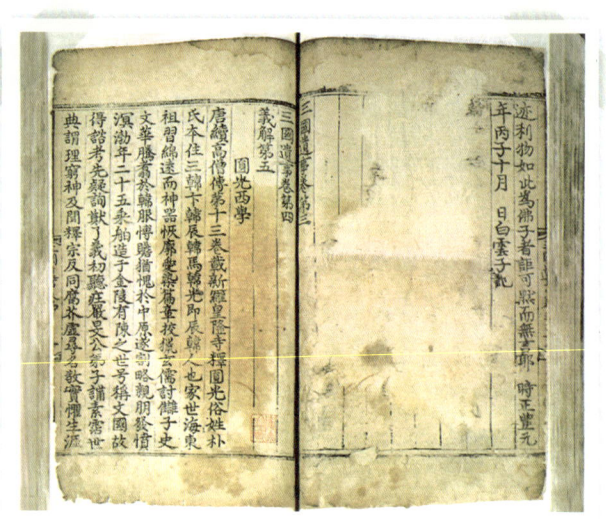

《삼국유사》
1281년에 인각사에서 편찬한 《삼국유사》의 원판은 안타깝게도 전하지 않아요. 다행히 조선 초기의 간행본 두 권이 전해지는데, 2003년 국보로 지정되었답니다.

을 두루두루 기록하고 있어요. 그래서 《삼국사기》에는 없는 신화와 설화는 물론이고, 삼국 이전의 삼한인 마한·진한·변한과 부여, 한반도 남쪽을 지배한 가야와 만주 땅을 지배한 발해 그리고 후삼국까지를 다루었어요. 이 중 가장 빛나는 대목은 바로 단군왕검 이야기예요. 오랫동안 입에서 입으로 전해 내려오던 우리 민족의 시조 이야기가 처음으로 글로 기록되었답니다.

《삼국유사》는 《삼국사기》보다 140년 정도 늦게 편찬되었어요. 그런데 일연은 왜 이 책을 쓴 걸까요? 일연이 살았던 때는 격동의 시대였어요. 1231년 몽골이 고려에 쳐들어왔을 때 일연은 20대 중반이었답니다. 엄청나게 많은 사람이 죽고 많은 건물과 집이 불탔어요. 게다가 몽골이 중국 본토를 차지하고 원나라를 세우자 고려는 한순간에 조공을 바치는 속국으로 전락하고 말았어요. 이때부터 고려의 왕은 '조'나 '종'의 칭호를 사용하지 못했어요. 중국 황제의 신하라는 의미로 '왕'이라고 불러야만 했어요.

일연은 고려의 백성이 원나라에 정치적·물질적 피해를 입고 힘겹게 사는 모습이 안타까웠어요. 그래서 고려의 백성에게 해주고 싶은 이야기를 《삼국유사》를 통해 알렸던 거예요. '우리 민족은 단군왕검으로부터 시작해 유구한 역사를 가지고 오늘에 이르렀으니, 원나라의 지배를 받는 현실에 실망하거나 낙심하지 말자! 우리는 저력 있는 민족이므로 언젠가는 속국에서 벗어나 당당한 고려로 돌아올 수 있다. 그러니 좌절하지 말고 힘내자!' 아마도 이런 위로와 격려의 메시지를 전하고 싶지 않았을까요? 이 책에 감동한 충렬왕은 1283년에 나라 전체가 존경한다는 뜻에서 일연을 '국존國尊'으로 추대했어요.

단군을 섬기는 대종교

단군을 민족의 시조로 기리는 활동은 고려는 물론 조선 시대에도 이어졌어요. 강화도 마니산 꼭대기에 있는 '참성단'에는 단군왕검이 고조선을 세우

강화 참성단

고려와 조선 시대에는 단군에게 제사를 지내던 참성단에서 국가의 제사가 행해졌다고 해요. 단군이 고조선을 세운 공과 뜻을 잊지 않기 위해서였지요. 이 의식은 1955년 전국 체전의 성화 채화로 부활하였고, 이후 매년 양력 10월 3일 개천절에 '개천대제'가 거행되고 있어요.

1916년 별세하기 직전의 나철
조선 말기의 문신, 대한 제국의 독립 운동가이자 대종교의 창시자인 나철은 1916년 8월 15일 삼성사에서 단군에게 제사를 지낸 뒤 자결했어요. 단군과 대종교 그리고 인류를 위해 목숨을 끊는다는 내용의 유서를 남겼지요. 대종교에서는 나철이 인간의 죄악을 대신 속죄하기 위해 순교했다며 이날을 '가경절'로 정해 기념하고 있어요.

고 제단을 쌓은 곳이라는 전설이 있어요. 고려 때 세워진 황해도 구월산의 '삼성사'와 조선 초기에 세워진 평양의 '숭령전'은 단군 사당으로, 단군을 기리는 행사가 열렸다고 해요. 단군을 기념하는 행사는 민간신앙으로도 이어졌지만, 고려와 조선의 왕실에서도 지원을 아끼지 않았답니다.

그런데 오늘날 개천절을 국경일로 기념하게 된 데에는 일제 강점기라는 시대가 크게 작용했어요. 일연이 단군 이야기로 시작하는 《삼국유사》를 쓴 이유가 당시 고려가 몽골의 침략과 지배를 받는 상황이었기 때문인 것과 비슷한 이유예요. 을사늑약 이후 나라의 운명이 일본에 의해 기울어지자, 우리 민족은 다시 힘을 내고 하나로 뭉칠 수 있는 구심점이 필요했어요. 이때 많은 사람이 단군을 떠올렸어요. 이에 나철은 1909년 1월에 단군을 섬기는 '단군교'를 창설하였고, 이듬해에 '대종교'라고 이름을 바꾸었어요. 이후 대종교는 신도 수가 2만 명이 넘는 종교로 발전했지요.

　1910년 8월 29일, 한일병합이 이루어진 후 한반도를 장악한 일본은 대종교를 가만 놔두지 않았어요. 그래서 일본의 탄압을 피해 만주로 중심지를 옮겨 교세를 확장해 나갔지요. 겉으로는 종교처럼 보였지만, 만들어진 배경과 과정 때문에 항일독립운동의 성격을 가질 수밖에 없었어요. 대종교는 만주에서 활동하던 독립운동가 39인이 서명한 '대한 독립 선언서'를 작성해 발표하는 과정에서 주도적 역할을 했어요. 또한 김좌진 장군이 큰 전과를 올린 청산리 대첩에도 주력 전투원으로 대거 참가했답니다.

개천절을 국경일로

　1919년 3·1 운동 직후 만들어진 대한민국 임시 정부가 독립운동에 헌신하는 대종교를 존중한 건 당연한 일이에요. 임시 정부는 단군을 기리는 개천절을 국경일로 선포하고 기념식을 개최했어요. 훗날 상하이에서 충칭으로 임시 정부를 옮겼을 때도 대종교와 합동으로 개천절 경축 행사를 이어갔답니다. 이 전통에 따라 1948년 대한민국 정부가 공식 출범했을 때 개천절을 국경일로 선정했고, 오늘날까지 지켜지고 있어요. 혹시 "우리가 물이라면 새암이 있고, 우리가 나무라면 뿌리가 있다. 이 나라 한아바님은 단군이시니"라고 부르는 개천절 노래를 들어 본 적이 있나요? 이 노래 분위기가 다른 기념일 노래와 다른 이유는 일제 강점기의 대종교에서 부르던 노래를 그대로 가져왔기 때문이에요.

 **개천절은 10월 3일**

개천절은 10월 3일로, 이날은 고조선이 건국된 날이에요. 사실 타임머신이 발명되지 않는 이상 수천 년 전에 일어난 일을 정확하게 확인할 방법은 없어요. 고조선을 기록한 문서들이 추정하는 건국 날짜도 전부 다르고요. 그래서 대한민국 정부는 조선 세조 때 서거정이 집필한 《동국통감》을 기준으로 했어요. 이 책은 단군 조선부터 고려 말까지를 시대순으로 쓴 역사서로, 단군의 고조선 건립일이 기원전 2333년 음력 10월 3일이라고 쓰여 있어요.

그런데 현재 우리는 양력 10월 3일을 개천절로 지키고 있어요. 언제부터 음력 대신 양력을 사용했을까요? 임시 정부 때는 음력 10월 3일을 개천절

《동국통감》
조선 시대 문인이었던 서거정이 왕의 명을 받아 단군 조선부터 고려 말까지 1400년간을 시대순으로 기록된 역사서로, 총 56권 28책으로 이루어졌어요.

로 지켰어요. 음력에 맞춰 기념하다 보니 매년 개천절의 양력 날짜가 바뀌었어요. 그래서 모든 국가의 일정이 양력인 점을 고려하자는 취지로 1949년에 '개천절 음력·양력 환용심의회'가 열렸어요. 이때 국경일에 관한 법률이 반영되어 개천절을 양력으로 지키게 되었답니다.

연호

개천절과 함께 알아두면 좋은 것이 연호예요. '연호'란 특정 시점을 기준으로 연도를 헤아리는 방법이에요. 현재 우리가 쓰는 연호는 '서기'로 '서력기원'의 줄임말이에요. 예수가 태어난 해를 기원 원년으로 삼아, 탄생 전은 기원전 또는 BC(before Christ), 탄생 후는 기원후 또는 AD(anno Domini)로 표기하지요. 현재 세계 대부분의 나라가 서기를 표준으로 사용하고 있어요. 물론 서기와 함께 다른 연호를 함께 사용하는 나라도 있는데, 일본이 대표적이에요. 일본은 천황이 바뀔 때마다 메이지, 다이쇼, 쇼와, 헤이세이, 레이와 등으로 연호를 바꿔 쓰고 있어요. 일본에서는 2024년을 '레이와 6년'이라고도 부른답니다.

서력기원 비문

서기는 기독교의 전파와 함께 사용하기 시작했어요. 그런데 유럽 대륙에서는 11세기, 이슬람 영향권에 있던 스페인에서는 14세기, 그리스 문화권에서는 15세기에 이르러서야 자리를 잡았답니다.

단기와 서기

초기 대한민국 정부에서는 우리만의 연호를 사용했어요. 행정부에서는 '대한민국'을 사용했고, 입법부인 국회에서는 '단기'를 사용했답니다. 대한민국은 임시 정부가 수립된 1919년을 원년으로 삼았고, 단기는 단군이 고조선을 세운 기원전 2333년을 기준으로 삼았어요. 그렇기에 대한민국 정부가 수립된 1948년은 대한민국 30년이면서, 단기 4281년이었지요. 대한민국과 단기는 혼용되다가 결국 단기로 통일되었어요. 아무래도 단기가 우리 민족의 유구한 역사를 잘 표현한다고 생각한 것 같아요. 1948년 9월 25일 대한민국의 공용 연호는 단군기원으로 한다는 내용의 법률안이 통과되었어요. 이후 정부는 물론 학교나 관공서 등에서 발행되는 모든 공식 문서에는 단기가 사용되었어요.

그런데 단기 연호 사용은 오래가지 못했어요. 1961년 쿠데타를 통해 대통령이 된 박정희가 단기 연호를 폐지하고, 서기만을 공식 연호로 사용하라고 정했기 때문이에요. 단기 연호 폐지에 대한 정부의 공식적인 이유는 세계 각국을 대상으로 무역하는 과정에서 혼란을 일으킬 수 있기 때문이라는 것이

1919년 10월 11일 대한민국 임시 정부 국무원 기념사진

사진의 상단을 살펴보면 '대한민국 원년 10월 11일'이라는 문구가 한자로 써 있어요. 대한 제국 때는 광무, 융희라는 연호를 사용하다가 1910년 대한민국 임시 정부가 수립되면서부터 '대한민국 ○○년'을 공식 연호로 사용했어요. 1948년 9월 25일 국회가 단기를 연호로 채택하기 전까지 공식 연호는 대한민국 ○○년이었답니다.

었어요. 당시 우리나라는 경제와 산업 발전을 위해 수출에 온 힘을 쏟고 있었어요. 그래서 수출에 방해되는 것은 무엇이든 없애자는 분위기가 매우 강했지요. 안타깝게도 여기에 단기가 포함된 거예요.

물론 당시 열심히 일해 많은 수출이 이루어졌기에 오늘날 대한민국이 세계 어느 나라와 비교해도 충분히 잘사는 나라가 되는 밑거름이 되었어요.

하지만 우리 민족의 자존심을 표현하는 단기 연호까지 폐지한 건 너무하다고 생각하는 사람들이 제법 있었답니다. 그래서인지 기회가 있을 때마다 단기 연호를 부활하자는 목소리가 나오고 있어요. 100만 명 서명 운동도 벌어지고, 단골손님처럼 단기 연호 부활 법안이 국회 안건으로 제출되고 있어요. 물론 아직 통과되지는 못했답니다.

　개천절에는 잠시 시간을 내어 단기 연호에 관해 이야기를 나눠 보면 어떨까요? 어떤 결론이 나든 단군이나 단기, 고조선에 대해 생각하는 시간을 가진다는 사실만으로도 개천절을 국경일로 지키는 의미는 충분할 거예요.

더 알아볼까요?

 단군 신화

　단군 신화를 기록한 책 중 가장 오래된 것은 일연 스님이 쓴 《삼국유사》예요. 하지만 관련된 이야기는 훨씬 오래전부터 사람들의 입에서 입으로 전해 내려오고 있었어요. 일연 스님은 전해 내려오던 이야기를 처음으로 문자로 기록하고 책으로 엮은 사람이랍니다. 신화의 내용을 짧게 정리하면 다음과 같아요.

　　하늘의 신 '환인'은 아들 '환웅'이 인간 세상에 관심 있어 하는 모습을 보고 "내려가서 다스려라"라고 말해요. 환웅은 바람의 신, 비의 신, 구름의 신과 무리 3,000명을 이끌고, 태백산 정상에 내려와 인간 사회를 지혜롭게 다스렸어요. 이때 곰과 호랑이가 찾아와 사람이 되게 해 달라고 간청했어요. 환웅은 신령한 마늘 20쪽과 쑥 한 줌을 주면서 "이것을 먹고 햇빛을 100일간 보지 않고 견디면 사람이 될 수 있다"라고 했지요. 곰은 시험을 통과해 웅녀가 되었고, 호랑이는 실패했어요. 웅녀는 환웅과 결혼해 아들을 낳았어요. 환웅은 이 아이의 이름을 단군왕검이라고 지었답니다. 기원전 2333년, 단군은 평양성에 도읍을 정하고, 나라 이름을 '조선'이라고 했어요.

　단군 신화를 한마디로 요약하면 '한반도에 처음 나라를 세운 사람'에 관한 이야기예요. 원래 한반도에 살던 사람들에게 환웅과 그 무리는 외부에서 온 힘센 지배자였을 거예요. 그가 곰을 섬기는 토착 부족의 여인과 결혼해서 낳은 아들 단군이 새로운 지도자의 자리에 오르면서 한반도 원주민들은 비로소 '우리나라'가 만들어졌다고 생각한 것이겠지요?

 고조선

단군은 나라를 세우고, 이름을 '조선'이라고 지었어요. 1392년 이성계가 고려 왕조를 무너뜨리고 새 나라를 세우면서 나라 이름을 '조선'이라고 부른 것은 단군이 세웠던 한반도 최초 국가의 정통성을 잇는다는 의지의 표현이었어요. '옛날의 조선'이란 뜻인 '고조선'은 일연 스님이 쓴 《삼국유사》에 처음 나온답니다. 일연은 기원전 194년에 세워진 위만조선과 단군의 조선을 구별하기 위해 사용했어요. 하지만 우리 역사에서는 이성계가 세운 조선과 구분하기 위해 고조선과 위만조선을 합해 고조선이라 부른답니다.

고조선이 건국된 시점은 기원전 2333년으로 추정하지요. 고조선이 역사서에 처음 등장한 것은 기원전 7세기 초예요. 이 시기에 중국에서 쓰인 《관자》와 《산해경》에 조선이라는 나라가 등장하거든요. 고조선은 오랫동안 한반도 북쪽에서 세력을 이루면서 터줏대감 역할을 했어요. 하지만 서쪽에 있던 중국 대륙의 영향을 받을 수밖에 없었어요. 대륙이 혼란스러우면 한반도는 태평성대였고, 통일이 돼 힘이 세지면 한반도가 힘겨워졌어요. 중국이 춘추 전국 시대를 거쳐 진나라로 통일된 뒤 곧이어 들어선 한나라 때가 그랬어요. 결국 고조선은 한나라가 번성했던 기원전 108년에 멸망하고 말았답니다.

- ★ 세계에서 가장 많은 사람이 사용하는 문자
- ★ 만든 이와 목적이 분명한 한글
- ★ 조선 시대에는 인정받지 못한 한글
- ★ 조선어 연구회와 한글
- ★ 가장 어린 국경일
- ★ 세계로 뻗어 나가는 한글

더 알아볼까요? 《용비어천가》 북한의 한글날

한글날
:백성을 어엿비 여기다

세계에서 가장 많은 사람이 사용하는 문자

　세계에서 가장 많은 사람이 사용하는 문자는 A, B, C로 시작하는 알파벳이에요. 영어는 물론이고, 스페인어, 독일어, 프랑스어, 러시아어, 터키어, 심지어 베트남어도 알파벳을 문자로 사용해요. 알파벳은 누가, 언제, 왜 만들었을까요? 지금까지는 알파벳의 뿌리가 고대 페니키아의 문자인 것으로 알려져 있어요. 페니키아인은 기원전 1200년경에 지중해 동쪽, 지금의 레바논 지역에서 활동했던 민족이에요. 이들은 배를 타고 무역을 하면서 먹고 살았어요. 지중해 전역에서 페니키아인의 유적이 발견될 정도로 활동 범위가 넓었답니다.

　그렇다면 페니키아 문자가 최초의 문자일까요? 기원전 3500년경의 메소포타미아 문명이나 이집트 문명에도 고유의 문자가 있었어요. 하지만 이들 문자는 후대로 이어지지 못했어요. 왕과 귀족만 쓰는 상류층의 문자였기 때문이에요. 그러나 페니키아 문자는 바다를 넘나들며 무역할 때 사용했기에 누구나 쉽게 읽고 해석할 수 있어야 했어요. 페니키아인들은 문자를 사용하는 사람이 늘어날수록 교역량이 늘어났기에 널리 알리려고 노력했지요. 현

페니키아 문자

페니키아 문자에서 히브리 문자, 아랍 문자, 그리스 문자, 로마자, 키릴 문자 등이 파생되었어요. 그렇지만 페니키아 문자는 헬레니즘 시대에 와서 죽은말이 되고 말았답니다.

재 페니키아 문자는 유네스코 세계 기록 유산에 등재되어 있어요. 레바논의 한 사상가는 '페니키아인이 발명한 알파벳은 레바논이 전 인류에게 바친 가장 중요한 공헌이었다'며 자랑스러워했다고 해요.

그런데 아무리 기록을 찾아봐도 페니키아인이 알파벳을 처음 사용했다는 사실만 확인할 수 있지, 누가 언제 만들었는지는 알 수 없어요. 해상 무역을 할 때 편리했기 때문에 널리 보급되었다고 알려져 있지만, 실제로 무역을 잘하기 위해 만든 문자인지도 확실하지 않아요. 역사 유적과 당시의 상황을 놓

데바나가리 문자

나가리는 '도시의 문자'라는 뜻이에요. 여기에 '신'을 의미하는 데바가 접두어로 붙어 신성한 문자라는 의미를 내포하고 있지요. 그렇기에 힌두교 경전인 리그베다 등이 이 데바나가리 문자로 쓰였어요.

고 추론한 것뿐이지요. 다른 문자들도 마찬가지예요. 우리나라는 물론 중국과 일본에서 많이 쓰는 한자도, 지렁이가 기어가는 듯한 아랍 문자도, 인도의 힌디어에 사용되는 데바나가리 문자도 누가 언제 만들었는지는 몰라요.

백성이 쉽게 배울 수 있는 글자

이에 반해 한글은 창시자가 누구인지 알려진 거의 유일한 문자예요. 오랜 시간과 수많은 사람을 거치며 만들어져서 언제, 누가, 왜 만들었는지를 알 방법이 없는 다른 문자들과 달리 한글은 문자를 만든 목적과 원리가 분명한

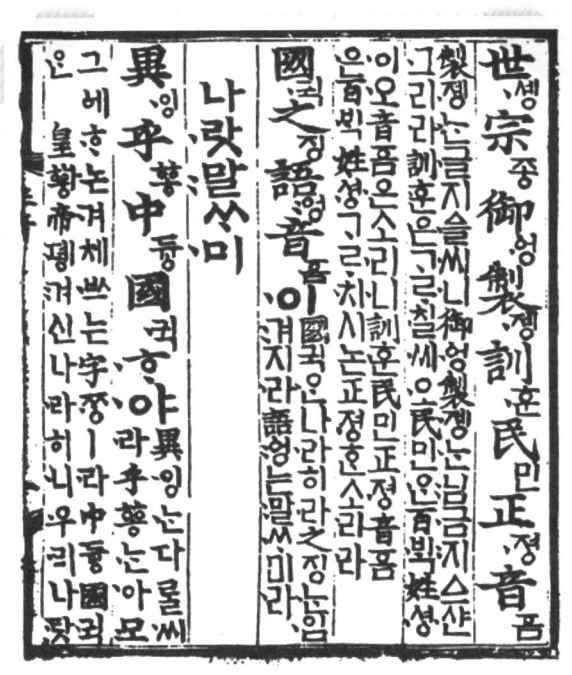

《월인석보》에 실린 훈민정음언해

훈민정음언해는 한문으로 쓰인 《훈민정음해례본》 중에서 서문과 예의 부분만을 따로 간행한 것이에요. 먼저 한문으로 된 본문을 적고 그 아래에 한문의 글자 풀이를 적은 다음, 한글로 번역해 놓았지요. 그래서 한문을 모르더라도 내용을 이해할 수 있었답니다.

글자예요. 세종대왕이 주도해서 만들었다는 분명한 기록이 있거든요. 《훈민정음》 서문은 이렇게 시작해요.

나라의 말이 중국과 달라 한자와 서로 통하지 아니하다.
이런 까닭으로 글을 모르는 백성들이 말하고자 하는 바가 있어도 마침내 제 뜻을 능히 펴지 못할 사람이 많다.

내 이를 위하여, 가엾게 여겨 새로 스물여덟 자를 만드니

사람마다 쉽게 익혀 날마다 씀에 편안케 하고자 할 따름이다.

요즘 글로 고친 내용인데, 백성들이 말하고 싶은 것을 글로 표현할 수 있게 한다는 목적이 분명하게 나타나 있어요. 게다가 사람들이 쉽게 익힐 수 있게 글자 28개를 만들었다고 소개하고 있어요. 스물여덟 자를 왜 강조했을까요? 한자와 비교해 한글의 쉬움을 알리기 위해서였대요. 한자의 수는 무한대에 가까워요. 옛날 서당에서 한자에 입문할 때 가장 먼저 배우는 것은 '천자문'이었어요. 처음 익혀야 할 문자가 1,000개가 넘었던 거예요. 하지만 한글은 스물여덟 자만 배우면 되지요. 천자문의 2.8%만 배우면 생각한 것을 글로 표현할 수 있다니, 정말 엄청나지 않나요?

만든 이와 목적이 분명한 한글

'한글날'인 10월 9일은 세종대왕이 훈민정음을 반포한 날이에요. 물론 조선 초기에 사용하던 달력이 지금의 달력과는 달라서 정확한 반포일을 알기가 쉽지는 않았어요. 《세종실록》에도 음력 9월 중이라고만 나와 있거든요.

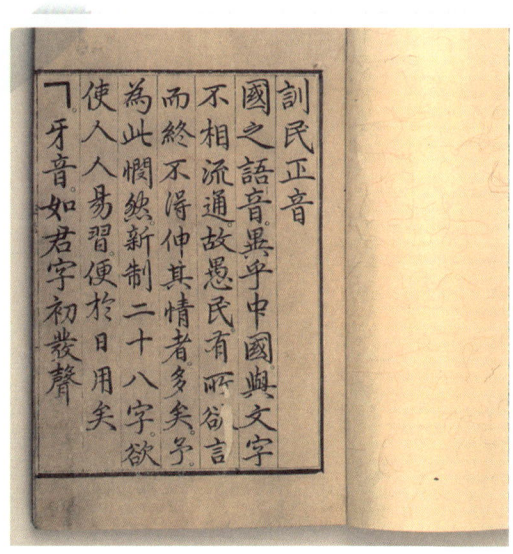

훈민정음해례본
《훈민정음해례본》은 집현전 학자들이 발간한 훈민정음 해설서예요. 1940년 경북 안동에서 약 500년 만에 처음으로 발견되었지요. 1962년에는 국보로 지정되었고, 1997년에는 유네스코 세계 기록 유산으로 지정되었어요.

정확한 날짜는 1940년 안동에서 발굴된 《훈민정음해례본》 덕분에 밝혀졌답니다. 이 책의 서문에 훈민정음 완성일이 '9월 상순'이라고 나와 있어요. 이를 기준으로 상순의 마지막 날인 10일, 즉 1446년 9월 10일을 반포일로 정하고, 서기로 바꿨더니 10월 9일이 나온 거예요.

그런데 다른 국경일은 '~절'로 끝나는데, 한글날만큼은 '~날'로 끝나는 이유는 무엇일까요? 말 그대로 한글로만 되어 있어서예요. 그래서 뜻풀이를 따로 할 필요도 없지요.

한글의 과학성

세계 언어학자들이 한글을 연구하면서 항상 놀라는 부분은 바로 '과학성'이에요. 일정한 법칙에 따라 문자가 만들어졌다는 걸 발견하고는 혀를 내두르지요. 한글을 접해 보지 않은 외국인도 한 시간 정도만 배우면 자기 이름을 한글로 쓸 수 있다고 해요. 어떻게 가능하냐고요?

먼저 자음을 볼까요? ㄱ(기역), ㄴ(니은), ㄷ(디귿), ㄹ(리을), ㅁ(미음) 등의 자음은 실제 발음이 될 때의 혀와 목구멍 모양을 보고 만든 거예요. 소리와 모양을 같이 익히면 기억하기가 쉽답니다. 하늘, 땅, 사람을 포함하고 있는 모음에는 우주의 철학이 들어 있어요. 'ㆍ'는 하늘을 본떠 둥글게, 'ㅡ'는 땅을 본떠 평평하게, 'ㅣ'는 서 있는 사람을 본떠 세로로 길게 만들었어요. 이 세 가지를 조합해 'ㅏ', 'ㅑ', 'ㅓ', 'ㅕ' 같은 모음이 만들어졌어요. '가갸거겨

한글 낱자

한글 낱자는 한글 자모라고도 하는데, 닿소리 글자와 홀소리 글자를 이르는 말이에요. 훈민정음이 만들어졌을 때는 모두 28자였다가, 1527년에 쓰인 한자 학습서인 《훈몽자회》에서는 ㆆ(여린히읗)를 없앴어요. 1933년에 제정된 한글 맞춤법 통일안에서는 ㆁ(옛이응), ㅿ(반치음), ㆍ(아래아)를 없애서 총 24자가 되었답니다.

나냐너녀 다댜더뎌~'처럼 자음과 모음을 번갈아 조합하여 글자를 완성하는 한글의 독창성과 과학성은 전 세계 어디에서도 찾아볼 수 없을 정도로 뛰어나답니다.

조선 시대에는 인정받지 못한 한글

창제 당시 세종대왕은 한글을 '훈민정음'이라고 불렀어요. '백성을 가르치는 바른 소리'라는 뜻이지요. 소리 나는 대로 쓰는 문자라 해서 '언문'이라고도 했어요. 한글은 조선 시대에 만들어졌지만, 이상하게 조선 시대의 문자라고 하면 한글보다 한자가 먼저 떠올라요. 실제로도 한글보다는 한자가 많이 쓰였기 때문이에요. 조선의 관청에서 발행하는 공식 문서는 모두 한자로 표기했고, 유학자들이 지은 대부분의 책도 한자로 쓰였어요.

그렇다면 조선 시대 내내 한글은 외면 받기만 했을까요? 그렇지는 않아요. 세종대왕은 한글이 양반들 사이에서도 통용되기를 바라서, 나라의 관리를 뽑는 과거 시험 과목에 훈민정음을 포함했어요. 그렇지만 조선 사회를 지배했던 양반들은 한글을 한자처럼 사용하지는 않았어요. 한자만으로는 완벽하게 소통하기 어려울 때만 어쩔 수 없이 한글을 사용했지요. 반면 한자를 모르던 백성들에게 한글은 자기 목소리를 글로 표현할 수 있는 중요한 소통 창구가 되었어요.

조선 시대 한글의 쓰임

훈민정음이 반포된 지 3년 뒤인 1449년에 한글로 된 투서와 상소문이 등장했어요. 주로 조정의 관리와 지배층의 무능, 부정 그리고 비리를 고발하는 내용이었어요. 한자를 몰라서 의사 표현을 하지 못했던 백성들이 한글로 자기 의사를 전하기 시작한 거예요. 이런 상황이 달갑지 않았던 양반 중에는 백성들에게 한글 가르치기를 금지해야 한다는 사람까지 있었다고 해요.

왕이 직접 한글을 사용한 특이한 경우도 있었어요. 왕이 결정한 사안을 담

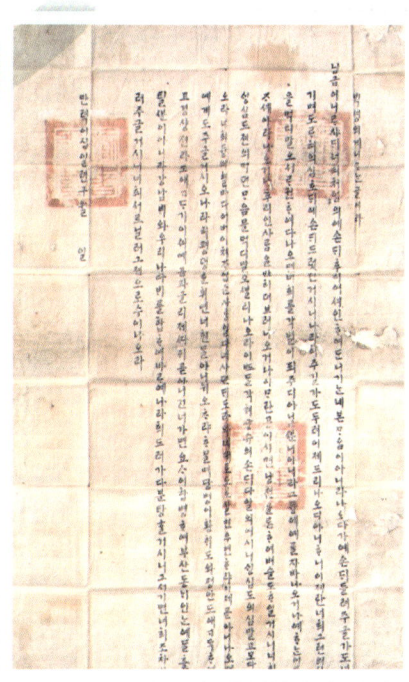

선조국문유서
1593년 임진왜란 당시 의주로 몽진(임금의 피란)을 한 선조가 내린 이 한글 교서의 정식 명칭은 '선조국문유서'예요. 한글로 쓰여 있어서 역사적·국문학적 연구에 도움이 되는 귀중한 자료라고 해요.

은 문서를 '교서'라고 해요. 교서는 나라의 공식 문서여서 한자로 기록했어요. 그런데 딱 한 차례 교서를 한글로 작성한 적이 있었어요. 선조 25년인 1592년, 일본이 대규모 군사를 동원해 조선에 쳐들어왔어요. 조선의 관군만으로는 왜군을 막을 방법이 없었어요. 유일한 희망이 전국 방방곡곡에서 일어난 의병이었지요. 의병에는 양반인 선비는 물론이고 농민과 천민도 함께 참여했어요. 이때 유일한 한글 교서가 작성되어 전국으로 퍼져 나가게 되었던 거예요. 교서에는 '부득이하게 왜군에게 잡혀간 백성의 죄를 묻지 않겠다. 왜군의 동태를 알아 오거나 포로가 된 동포를 되찾아오면 벼슬을 내리겠다' 등의 내용이 들어 있었어요.

한글을 능숙하게 사용한 사람 중에는 왕실의 여성들이 있었어요. 왕의 할머니인 대왕대비를 비롯해 어머니인 대비, 왕비인 중전 그리고 여러 후궁과 공주·옹주 모두가 한글을 즐겨 사용했어요. 사적인 글쓰기는 물론 간혹 왕의 나이가 어려 대왕대비나 대비가 국정을 함께 운영하는 수렴청정처럼 공적인 일을 할 때도 대부분 한글을 사용했어요. 그래서 교서를 내릴 때는 대왕대비나 대비가 쓴 한글 문서를 신하들이 한자로 번역해 반포했다고 해요.

그럼 양반 남자들은 한글을 아예 쓰지 않았을까요? 이들도 비공식적인 글쓰기에는 한글을 많이 사용했어요. 특히 아내와 어머니, 딸 등 여성과 소통할 때 한글 편지를 썼다고 해요.

2011년 대전 유성구에서 조선 시대의 한글 편지가 발견되었어요. 함경도에서 군관으로 근무하던 나신걸이 고향에 있는 아내 맹씨에게 보낸 편지였지요. 편지 내용은 다음과 같았어요.

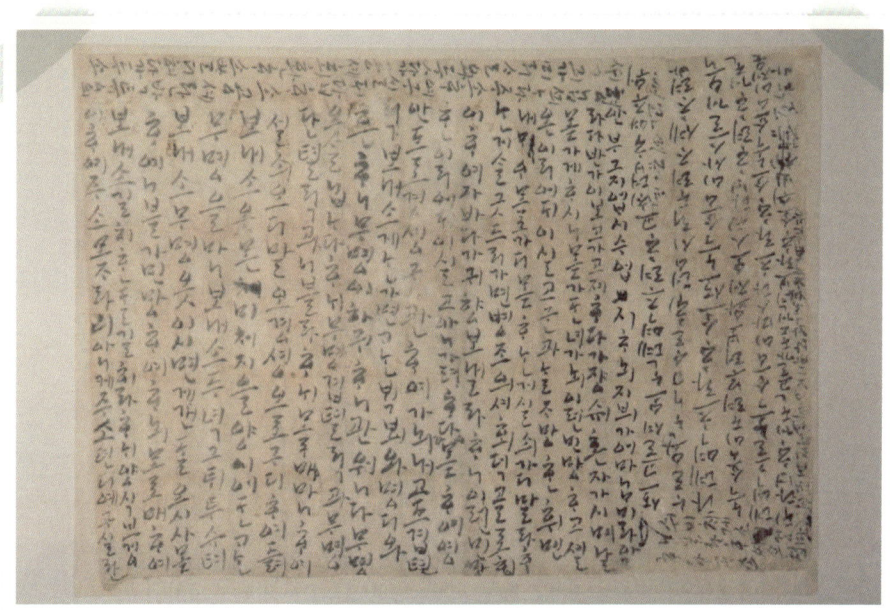

나신걸의 편지

나신걸이 아내에게 보낸 편지는 대전 유성구 안정 나씨 종중의 분묘를 이장하는 과정에서 발견되었어요. 국가기록원에서 복원한 이 편지는 지금까지 발견된 한글 편지 중에서 가장 먼저 쓴 것으로 추정하고 있어요.

'집에 가서 어머님이랑 애들이랑 다 반가이 보고 가고자 하다가… 못 보고 가네. 이런 민망하고 서러운 일이 어디에 있을꼬. 분(화장품)하고 바늘 여섯을 사서 보내네. 집에 못 다녀가니 이런 민망한 일이 어디에 있을꼬. 울고 가네.'

인근 지역에 출장을 왔는데 일정이 맞지 않아 집에 들르지 못하고 다시 근무지로 돌아가게 되어 슬퍼하는 마음을 담고 있었지요. 편지가 작성된 때는 1490년대로 추정해요. 세종대왕이 승하한 지 40년 정도가 지난 시점이에요.

한글은 보조 문자

세종대왕 이후 한글은 조선에서 중요한 소통 문자로 자리 잡았어요. 그러나 조선을 지배한 문자는 엄연히 한자였어요. 특히 나라의 공식적인 문서와 학문 연구는 100% 한자로만 작성했어요. 한글이 한자만큼 권위 있는 문자라고 생각하지 않았기 때문이에요. 조선 후기에 활약한 다산 정약용도 책은 물론이고 가족에게 보낸 편지까지 100% 한자로만 썼어요. 안타깝게도 조선에서의 한글은 한자를 보완하거나 지원하는 '보조 문자'로만 사용되었어요. 그렇기에 한글날과 같이 특별하게 이 문자의 탄생을 기념하는 행사도 없었어요.

《목민심서》
《목민심서》는 다산 정약용이 강진으로 귀양 갔을 때 저술한 책으로, 관리의 바른 마음과 행동에 대한 지침서예요. 그의 저술을 모두 정리한 문집인 《여유당전서》의 16~29권에 수록된 《목민심서》도 한자로 작성되었어요.

조선어 연구회와 한글

　그렇다면 한글날은 언제 생긴 걸까요? 한글이 주목받은 건 일본어 사용 강요에 대한 반작용의 결과였어요. 아이러니하게도 일본이 한반도를 지배하면서 한글을 재평가하는 움직임이 생겨났답니다.

　을사늑약 이후 나라의 운명이 기울어질 때, 우리말을 지켜야겠다고 생각한 주시경은 1908년 8월 31일 '국어 연구회'를 창립했어요. 한일병합 이후에는 '조선어 연구회'로 활동을 이어갔지요. 그러던 중 1926년 음력 9월 29일에 한글 창제 기념식을 거행했어요. 기념식의 정식 명칭은 '가갸날'이었어요. 왜 가갸날인지는 짐작할 수 있겠지요? 한글 낱자를 익힐 때 '가갸 거겨~'를 반복하는 데서 따온 말이랍니다. 또한 1926년은 세종대왕이 한글을 반포한 지 여덟 회갑, 즉 480년이 되는 해였기에 의미가 더 컸어요. 당시에는 60년을 한 갑자로 계산하는 연도 표기법이 일상이었거든요.

　한글이라는 이름도 조선어 연구회가 만들었어요. 조선 시대에는 한글이 '언문', '가갸글' 또는 여성들이 주로 쓴다고 해서 '암글', 아이들이 쓰는 글이라 해서 '아햇글' 등으로 불렸지요. 주시경은 왠지 얕잡아 보는 듯한 이름 말

주시경

주시경은 조선 말기와 일제 강점기에 우리말과 글을 연구한 국문학자이자 언어학자였어요. 한글 전용, 가로쓰기, 통일된 표기법을 정리하여 한글을 표준화하였고, 한글 보급 운동을 펼쳤지요. 한글을 사랑한 사람답게 주시경의 호는 순우리말인 한힌샘이랍니다.

고 번듯한 이름으로 바꾸고 싶었어요. 그래서 1910년대에 조선어 연구회 회원들과 함께 '으뜸가는 글', '하나밖에 없는 글'이라는 뜻의 '한글'로 바꾸었어요. 가갸날이 한글날로 바뀐 것은 2년 뒤인 1928년이었지요. 그리고 1931년부터는 양력으로 기념일을 지켰답니다.

가장 어린 국경일

그런데 우리나라 5대 국경일 중에서 한글날이 제일 어리다는 사실을 알고 있나요? 한글날이 국경일로 정해진 건 2005년이에요. 삼일절, 제헌절, 광복절, 개천절은 모두 1949년부터 국경일이었지요. 반면 한글날은 1949년 공휴일로 지정되었다가, 1991년에 공휴일이 아닌 기념일이 되었어요. 이때부터 정부 주도의 기념식이 치러졌고, 2006년에서야 국경일로 지정되었답니다.

한글날은 공휴일이었다가 취소되는 우여곡절을 겪었어요. 1991년에 설날과 추석 연휴가 사흘로 늘어나면서 식목일과 한글날이 공휴일에서 제외된 거예요. 공휴일은 관공서와 기업의 근무 일수와 직결되기 때문에 민감한 사회 문제랍니다. 그렇기에 한글날은 국경일로 승격된 후에도 한동안 공휴일이 아니었어요. 한글날이 다시 공휴일이 된 건 2013년부터예요.

한자 문화권 속의 한글

한글날이 다른 국경일과 달리 변화를 많이 겪은 이유는 한글에 대한 생각이 서로 달랐기 때문이에요. 조선 시대에 한글은 한자의 보조 문자 대우를 받았고, 일제 강점기라는 특수한 상황 속에서는 우리 민족을 대표하는 문화 자산 대접을 받았어요. 비록 1948년 제헌 국회에서 '한글 전용에 관한 법률'이 통과되긴 했지만, 한글만으로는 부족하다고 생각하는 사람들이 많았어요. 수천 년 동안 중국의 한자 문화권에 속해 있었기 때문에 나온 반응이었지요.

신문을 보면 한글에 대한 입장 차이와 변화를 알 수 있어요. 한글 전용에 관한 법률에도 불구하고 당시 대부분의 신문은 한자로 된 말은 한자로 표기하고 한자가 아닌 말만 한글로 표기하는 '국한문 혼용체'를 채택했어요. 순수하게 한글로 표기하는 신문은 1988년에 창간한 〈한겨레신문〉이 처음이었어요. 얼마 뒤 〈중앙일보〉가 이를 뒤따랐고, 현재는 대부분의 신문이 한글 전용을 택하고 있지요. 다만 뜻을 정확히 밝혀야 하는 단어는 괄호를 통해 한자를 표기하고 있어요. 2016년에는 정부의 한글 전용 정책이 헌법에 위배된다며 헌법 재판소에 제소하는 일이 발생하기도 했어요. 물론 헌법 재판소 재판관 전원 일치로 한글 전용이 헌법에 부합한다는 결론이 났답니다.

세계로 뻗어 나가는 한글

　한글이 만들어진 지 570년이 넘었어요. 조선 시대와 일제 강점기를 거치면서 한글은 대한민국을 대표하고, 우리 민족을 상징하는 문자로 자리 잡았지요. 지금은 세계 언어학자들이 한글을 연구하고, 심지어는 한글을 자기 언어를 표기하는 문자로 채택한 민족도 생겨났어요. 인도네시아 부톤섬에 사는 찌아찌아족은 2009년부터 고유어인 찌아찌아어를 한글로 표기하기 시작했어요.

　세계적으로 한류가 인기를 끌면서 한글까지 전 세계인에게 사랑받는 문자가 되었어요. 매력적인 한국 배우와 가수의 드라마·영화와 노래를 통해 한국어에 관심을 두고 한글을 배우기 시작한 거예요. 그런데 생각보다 배우기 쉽다 보니 해외 여러 대학에서 가장 인기 있는 외국어 과목이 되기도 했어요.

　다가오는 한글날에는 이런 상상을 해 보면 어떨까요? 우리가 영어나 다른 언어를 할 줄 몰라도, 한국어를 할 줄 아는 외국인이 많아서 해외여행이 불편하지 않은 세상을 꿈꿔 보는 거예요. 어쩌면 이런 날이 진짜로 다가올지도 몰라요.

찌아찌아어	뜻
부리	(글을) 쓰다
뽀가우	말하다
바짜안	읽다
까아나	집
시골라	학교
사요르	채소
보꾸	책

회화 예시

찌아찌아어	뜻
다리마 까시	감사합니다
인디우 미안노 찌아찌아	저는 찌아찌아인입니다
인다우 빼엘루 이소오	사랑합니다
모아뿌 이사우	실례합니다
움베	네
찌아	아니오
아빠 까바르	안녕하세요

한글로 표기된 찌아찌아어

고유 문자가 없었던 찌아찌아족은 로마자로 찌아찌아어를 표기하고 있었어요. 그런데 로마자로는 찌아찌아어를 다 표현할 수가 없었지요. 2009년부터 한글이 찌아찌아 문자가 되었는데, 사용에 전혀 불편함이 없다고 해요. 한국어를 배우고 싶어 하는 학생 수가 점점 늘고 있다고 하고요.

더 알아볼까요?

 《용비어천가》

《용비어천가(龍飛御天歌)》는 한글(훈민정음)로 지은 최초의 서사시예요. 세종대왕이 명을 내려 권제와 정인지·안지 등이 시를 지었고, 성삼문·박팽년·이개가 주석(해설)을 달았어요. 책의 서문은 정인지가 썼어요. 서사시는 조선을 개국한 태조 이성계와 세종의 아버지인 태종 이방원 그리고 이성계 위로 4대에 걸친 조상들의 행적을 노래하고 있어요.

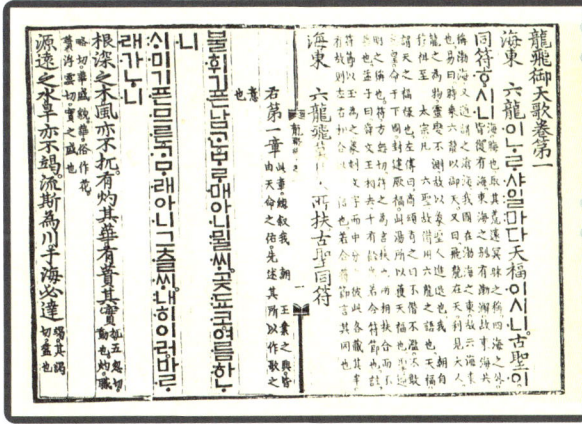

1447년 간행된 《용비어천가》
이성계를 중심으로 6대에 걸친 주인공을 모두 '용'이라고 불렀어요. 그들이 하늘로 날아오를 정도로 위대했다고 해서 제목이 '용비어천가'가 되었답니다.

세종대왕은 《용비어천가》를 왜 훈민정음으로 지었을까요? 더 많은 사람들, 그중에서도 한자를 배우기 어려운 사람들이 쉽게 읽고 이해할 수 있도록 한글로 지은 것이랍니다. 《용비어천가》는 조선이 건국된 지 55년이 되던 해인 1447년에 발간되었어요. 이때는 아직 많은 사람이 이전 나라인 고려를 생생하게 기억하고 있을 때였지요. 세종대왕은 조선이 갑자기 만들어진 나라가 아니고, 조선을 세운 주인공들은 그럴 만한 자격을 오래전부터 갖추고 있었다는 사실을 백성들에게 알리고 싶어 했어요. 이것이 태조 이성계보다 4대나 앞선 조상의 이야기부터 시작하는 이유였답니다. 물론 정인지가 쓴 문장도 참 훌륭하지요.

"뿌리 깊은 나무는 바람에 흔들리지 않아 꽃이 아름답게 피고 열매를 많이 맺는다. 샘이 깊은 물은 가뭄에도 마르지 않아 냇물을 이뤄 바다로 흘러간다."

 **북한의 한글날**

북한에서는 한글을 '조선글'이라는 다른 이름으로 불러요. 북한의 공식 국호가 '조선민주주의인민공화국'이기 때문에 그렇게 부르는 것 같아요. 우리는 국호가 대한민국(줄여서 한국)이기 때문에 북측을 우리 이름에 비추어 '북한'이라고 부르지요. 그렇다면 국호가 조선민주주의인민공화국인 북측에서는 우리를 뭐라고 부를까요? 거기서도 자기네 국호에 빗대어 우리를 '남조선'이라 부른답니다.

그렇다면 우리나라에 한글날이 있는 것처럼 북한에도 '조선글날'이 있을까요? 정답은 '없다'예요. 대신 북한은 1월 15일을 '훈민정음 창제일'로 정해 기념해요. 같은 훈민정음을 기념하는 날인데 왜 이렇게 차이가 나는 걸까요? 북한은 창제일을 기념하고, 우리는 반포일을 기념하기 때문이에요. 《조선 왕조실록》에 보면, 훈민정음은 세종 25년(1443년) 음력 12월에 창제되어 세종 28년(1446년) 음력 9월 상순에 반포된 것으로 나오거든요. 이 두 날짜를 양력으로 바꾸면 대략 1월 15일과 10월 9일이 된답니다.

한글을 기념할 때 북한과 우리가 다른 부분이 또 있어요. 우리는 한글날을 국경일로 지키며 여러 가지 기념행사를 열지만, 북한은 날짜만 정해 두었을 뿐 특별하게 기념하지는 않아요. 그래서 정작 1월 15일이 무슨 날인지 모르는 북한 사람이 많다고 해요.

- ★ 기념일이란?
- ★ 독립운동 관련 기념일
- ★ 민주화 관련 기념일 1(1960년대)
- ★ 민주화 관련 기념일 2(1970~80년대)
- ★ 전쟁 관련 기념일

더 알아볼까요?
- 푸른 하늘의 날
- 곤충의 날
- 김치의 날

기념일
: 대한민국 국민이면 기억해야 할 특별한 날

기념일이란?

우리나라는 5대 국경일 말고, '기념일'이라는 제도가 있어요. 5,000만 명이 넘는 국민이 살아가는 대한민국에서 함께 기억해야 할 특별한 날을 법령으로 정해 둔 거지요. 「각종 기념일 등에 관한 규정」으로 어떤 날을 기념일로 정할 수 있는지에 대한 기준을 제시하고 있어요. 한번 살펴볼까요?

가. 국가의 정통성을 확립한 날, 민족정기를 널리 알리고 호국 정신의 뜻을 기리는 날.

나. 과학 기술, 경제 발전, 국민 복지 등 국가 주요 시책의 기틀을 확립하는 데 의의가 큰 날.

다. 문화 예술 창달과 전통적 윤리 가치의 계승, 확립을 위해 국민적 인식을 같이하는 날.

라. 국제적으로 인식을 같이하여 기념하고 있는 날.

마. 그밖에 국민적 공감대가 형성되어 기념일로 지정할 가치가 있는 날.

이 기준에 맞추어 지정된 기념일은 2022년 현재 54개나 되어요. 달력에는 이 기념일들이 대부분 기록되어 있어요. 이 중 함께 기억하면 좋을 기념일들을 몇 개 그룹으로 묶어서 소개할게요.

독립운동 관련 기념일

우리나라가 독립하는 과정에는 수많은 활동과 사건·사고가 있었어요. 이 중 3·1 운동은 가장 중요한 활동이었기에 국경일로 선정되었어요. 이 밖에도 우리가 기억해야 할 기념일을 날짜 순서대로 살펴보도록 해요.

4월 11일 – 대한민국 임시 정부 수립 기념일

전국 방방곡곡에서 일어난 3·1 운동은 우리 민족에게 엄청난 용기와 자신감을 안겨 주었어요. 이를 바탕으로 40여 일이 지난 1919년 4월 11일에 대한민국 임시 정부가 수립되었지요. 현재 대한민국 정부의 뿌리가 바로 이날 마련된 거예요. 임시 정부가 수립되면서 대한민국이라는 나라 이름도, 민주공화국이라는 국가체제도 시작되었답니다.

충칭의 대한민국 임시 정부 청사 입구

대한민국 임시 정부의 중국 내 마지막 청사는 충칭에 있었어요. 1940년 9월부터 1945년 8월까지 임시 정부가 머문 이 청사는 몇 차례에 걸친 복원과 보수를 거쳐 2007년에 개관했답니다.

2022년 3월 1일에는 드디어 서울의 서대문구 현저동에 '국립대한민국임시정부기념관'이 문을 열었어요. 임시 정부 수립 100주년을 기념하기 위해서 건립된 이 기념관은 서대문형무소를 내려다보고 있어요.

11월 3일 – 학생 독립운동 기념일

1929년 10월 30일 오후 5시 30분, 광주에서 출발한 기차가 나주에 도착했어요. 그런데 역 근처를 어슬렁거리던 일본인 남학생 몇 명이 지나가던 조선인 여학생들의 댕기 머리를 잡아당기며 조롱하는 일이 발생했지요. 이를 목격한 박준채를 비롯한 조선인 남학생들이 격분하여 일본인 남학생들을 크게 혼내 줬어요. 그리고 이 소식을 듣고 모여든 많은 일본인 남학생들과 조선인 남학생들이 대치하는 상황까지 벌어졌어요. 자칫하면 큰 패싸움으로 번질 수 있었는데, 학교 선생님들의 개입으로 무마되었지요.

나흘 후인 11월 3일은 일본 천황의 생일로, 학교마다 축하 행사가 열렸어요. 그런데 이날은 음력으로 10월 3일, 우리의 개천절이기도 했어요. 광주의 조선인 학생들은 이날만큼은 신사 참배를 거부했지요. 개천절에 일본 종교의 상징인 신사에 참배하는 건 단군의 후손으로서 자존심이 허락하지 않았거든요. 결국 신사 참배를 마친 일본인 학생들과 충돌하고 말았어요. 일본인 학생들이 대거 몰려들면서 폭력 사태로 번지자, 참다못한 조선인 학생 300여 명은 본격적으로 거리 시위를 벌이기 시작했어요. 이때 일본 경찰에게 조선인 학생 40여 명이 체포, 구속되었답니다.

열흘이 지난 11월 12일에 구속 학생 석방을 요구하는 2차 시위가 일어났어

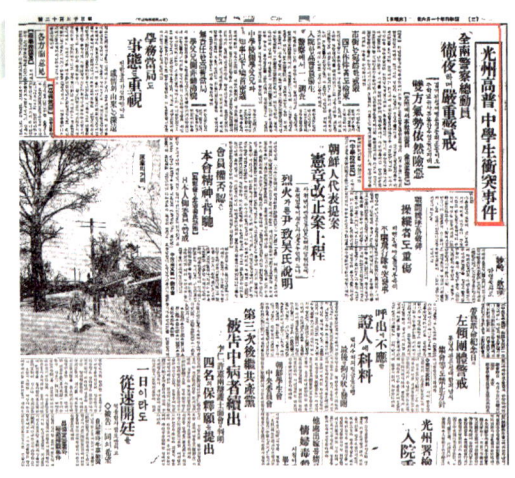

1929년 11월 6일자 〈동아일보〉 기사

당시 광주 학생 운동의 격문에 대한 내용을 다루고 있는 기사예요. 격문에는 일제에 언론·출판·집회·결사·시위의 자유 보장과 민족 문화와 사회과학 연구의 자유 보장 등 모두 9개 항목이 담겨 있었어요. 항일 시위는 전국으로 퍼져 나갔고, 서울의 학생들은 학생과 민중의 총궐기를 촉구하는 격문을 뿌리기도 했답니다.

요. 이때 다시 조선인 학생 250여 명이 체포되자, 시위는 광주 전역으로 확대되었어요. 이 소식은 전국으로 퍼져 나가 목포와 나주 같은 전라도 지역은 물론이고, 서울의 학생들까지 시위에 동참했답니다. 이 시위의 여파는 이듬해인 1930년 초까지 이어졌는데, 이때 항일 운동에 참여한 학교 수만 194개였고, 참가 학생 수는 5만 4,000여 명에 달했어요. 이 과정에서 582명이 퇴학당했고, 2,330여 명이 무기정학에 처해졌어요.

광주 학생 운동을 시작으로 일어난 항일 운동은 3·1 운동 이후 최대 규모로 발전했어요. 그래서 광주에서 학생 시위가 시작된 1929년 11월 3일을 기념일로 정한 것이랍니다. '학생의 날'이었던 명칭은 2006년 학생 독립운동 정신을 기린다는 의미에서 '학생 독립운동 기념일'로 바뀌었어요.

11월 17일 – 순국선열의 날

순국선열의 날은 일본이 우리나라를 병합한 1910년 8월 29일부터 1945년 8월 15일 광복하는 날까지 일본에 항거하다가 순국한 열사들을 기리는 날이에요. 이날이 현충일과 다른 점은 '기간'이 분명하게 정해져 있다는 거예요. 임시 정부 때부터 기념일로 지정되었는데, 당시에는 '순국선열 공동 기념일'로 불렀어요. 11월 17일을 기념일로 삼은 건 1905년 11월 17일 을사늑약이 체결되어 외교권을 빼앗긴 치욕을 잊지 말자는 취지가 강하게 반영되었답니다.

민주화 관련 기념일 1
(1960년대)

일제 강점기에는 독립운동이 중요했고, 새로 태어난 대한민국에서 가장 중요했던 것은 민주화 운동이었어요. 임시 정부가 만들어진 1919년부터 대한민국은 민주공화국, 즉 '나라의 모든 권력은 국민에게서 나오는 나라'라고 천명했어요. 그런데 권력을 가진 사람의 속성은 모든 권력을 독점하고 싶어 해요. '민주'의 반대 말은 '독재'예요. 대한민국도 오랫동안 독재와 민주 사이에서 피 흘리며 줄다리기를 해 왔답니다.

1960년 당시 이승만 정부에 대한 국민의 불만은 최고조에 달했어요. 제헌 헌법에는 대통령의 임기가 4년이고, 한 번만 연임할 수 있다고 되어 있어요. 그렇기에 이승만이 대통령을 할 수 있는 기간은 최대 8년이었지요. 문제는 더 오래 대통령을 하고 싶었던 이승만이 헌법을 고치면서 일어났어요. 이 과정에서 온갖 불법적인 일과 우스꽝스러운 일, 또 무서운 일이 동시다발로 발생한 거예요. 결국 개헌에 성공한 이승만은 세 번 연달아 대통령이 되었답니다.

1960년은 대한민국이 출범한 뒤 네 번째로 대통령 선거가 열리는 해였어

1958년 1월 14일자 〈동아일보〉 기사

1958년 1월 13일 조봉암을 비롯한 진보당 간부들이 국가보안법을 위반했다는 혐의로 구속되었다는 내용을 다룬 기사예요. 결국 모든 혐의가 유죄로 인정되어 사행이 집행되었고, 정국은 얼어붙고 말았어요.

요. 야당은 물론이고 국민들 사이에서도 이승만 정부에 대해 해도 너무한다는 생각이 퍼져 있었어요. 연임의 횟수도 문제였지만, 국정을 운영하는 방식이 독단적이고 폭력적이었거든요. 특히 1959년에는 1952년과 1956년의 대통령 선거에서 이승만과 경쟁했던 조봉암이 북한에서 정치 자금을 받았다는 혐의로 사형되었어요. 국민들은 이승만이 정치 라이벌을 제거하기 위해 사건을 꾸몄다고 생각했지요. 훗날 이 사건은 실제로 당시 정부가 조봉암에게 누명을 씌운 것으로 밝혀졌어요. 이렇게 국민의 불만과 분노가 차곡차곡 쌓여 가는 가운데 대통령 선거일이 다가오고 있었어요.

🌸 2월 28일 - 2·28 민주 운동 기념일

　1960년 2월 28일 일요일, 야당 지도자인 장면이 대구를 방문한다는 소식이 전해지자 대구 지역 학생들이 들썩였어요. 당시의 학생들은 나라를 올바로 세워야 한다는 생각이 강했고, 정치에도 관심이 많았지요. 이런 학생들의 움직임이 두려웠던 정부는 일요일임에도 불구하고 대구의 모든 학생을 등교시키라는 지시를 내렸어요. 어떤 학교는 느닷없이 시험을 치겠다고 했고, 어떤 학교는 단체 영화 관람을 하겠다고 했어요. 속이 뻔히 보이는 조치에 분노한 학생들은 학교를 벗어나 거리에서 시위를 벌였어요. 이날 대구 시내 8개 학교 1,200여 명의 학생들이 시위에 참여했고, 이 중 120여 명이 경찰에 체포되었어요. 이 시위는 1960년 대통령 선거를 앞두고 처음 일어난 민주화 운동이었어요. 당시 학생들이 발표한 성명서에는 다음과 같은 내용이 쓰여 있었어요.

> 백만 학도여, 피가 있거든 우리의 신성한 권리를 위하여 서슴지 말고 일어서라. 학도들의 붉은 피가 지금 이 순간에도 뛰놀고 있으며, 정의에 배반되는 불의를 쳐부수기 위해 이 목숨 다할 때까지 투쟁하는 것이 우리의 기백이며, 정의감에 입각한 이성의 호소인 것이다.

　나라는 정의로워야 한다는 신념이 뚝뚝 묻어나는 글이지요? 1960년은 6·25 전쟁이 끝난 지 겨우 7년이 지난 터라 모든 국민이 찢어지게 가난했어

대한민국 국무총리 인준 후 윤보선 대통령과 악수하는 장면 총리

일제 강점기에 교육자와 종교가로 활동했던 장면(사진에서 가운데)은 대한민국 수립 후 자유당 독재 정권에 대항하여 투쟁했어요. 제헌 국회 의원이었던 그는 1948년 파리에서 열린 국제 연합 총회에서 대한민국에 대한 국제적 승인을 얻어냈지요. 1956년에는 부통령에, 1960년에는 제2공화국의 내각책임제 국무총리에 선출되었어요.

요. 이런 가난 속에서도 공부를 하는 이유는 나라를 올바로 세우기 위해서라고 생각했기에 학생들은 망설임 없이 거리로 나섰던 거예요.

3월 8일 – 3·8 민주의거 기념일

대구에서 일어난 2월 28일의 시위 소식은 전국으로 전해져 도미노처럼 다른 지역의 학생 운동으로 이어졌어요. 특히 대전의 고등학생 1,000여 명은 3월 8일에 민주화를 요구하며 거리로 나섰어요. 대통령 선거를 불과 1주일 앞둔 시점이었지요. 이때도 경찰은 학생들을 심하게 구타하면서 무차별로 연행했고, 이를 지켜보던 대전 시민들까지 시위대에 가세하게 만들었어요. 3월 10일에는 시내 한복판에서 투석전이 벌어질 만큼 시위가 격렬해졌어요.

🌸 3월 15일 - 3·15 의거 기념일

　3월 15일, 드디어 제4대 대통령 선거가 시작되었어요. 이날 새벽부터 정부와 여당인 자유당은 갖은 방법을 동원해 선거 결과를 조작하려고 했어요. 물론 모두 불법이었지요. 경찰과 공무원을 동원하는 건 기본이고, 깡패까지 불러들여 투표소를 난장판으로 만들었어요. 3인 1조로 유권자를 묶어 투표하도록 하여 야당을 찍는지 감시하거나 투표함에 투표용지를 넣기 전에 누구를 찍었는지 강제로 확인했어요. 심지어는 여당 표가 가득 들어 있는 투표함으로 바꿔치기하는 일도 벌어졌지요.

　투표 조작에 분노한 마산 사람들이 먼저 움직였어요. 아침 일찍 부정 선거 현장을 발견한 야당인 민주당 간부들은 이날 오전 10시 30분에 '선거 포기'를 선언했어요. 부정 선거에 참여하는 것은 아무런 의미가 없다고 판단한 것이

국립묘지에 있는 '정의의 상' 조형물
4·19 혁명의 도화선이 된 3·15 의거는 한국 현대사에 있어 최초의 민주·민족운동으로 평가되고 있어요. 3·15 의거의 정신을 기리기 위해 경남 창원시 마산회원구에 조성된 3·15 국립묘지에는 4·19 혁명의 사망자, 부상자, 공로자가 안장되어 있어요.

지요. 그러고는 투표가 끝난 저녁 7시 30분, 마산 시내에서 정부의 부정 선거를 규탄하는 시위를 벌였어요. 1,000여 명으로 시작한 거리 행진은 한 시간도 지나지 않아 1만 명 넘게 참여하는 대규모 시위가 되었어요.

시위 인파가 구호를 외치며 경찰서를 둘러싸자 경찰은 최루탄과 함께 실탄까지 발사하며 반격에 나섰어요. 어떤 경찰은 흩어진 시위대를 쫓아가면서까지 조준 사격을 했어요. 시위대는 쫓기면서도 파출소와 여당 의원의 집, 파출소장의 집 등에 불을 지르는 등 강력하게 저항했지요. 이날 경찰 총격으로 8명이 사망하고, 수십 명이 부상을 입었으며, 수백 명이 체포·구금되었어요. 그런데 사태는 이날의 시위로 마무리되지 않았어요. 시위에 참여했다가 사라진 실종자가 있었거든요.

4·19 혁명 기념일

4월 11일 아침, 마산 중앙부두가 술렁거렸어요. 얼굴에 최루탄이 박힌 시신 하나가 부두 앞바다에 떠올랐기 때문이에요. 실종되었던 김주열의 시신이었어요. 당시 김주열은 마산상업고등학교 입학을 앞둔 열일곱 살의 학생이었어요. 이 소식은 마산 전역으로 빠르게 퍼져 나갔어요. 경찰의 강경 진압에 대한 분노를 삭이던 마산 시민들은 이날 오후 5시에 시내에 모였어요. 경찰은 변함없이 시위대를 향해 발포하였고, 다시 2명이 사망했어요. 그런데도 다음날 학생 3,000여 명과 시민 1만여 명이 다시 모여 시위를 이어갔어요.

이 사건은 부두 앞바다에 떠오른 시신 사진이 4월 12일자 〈부산일보〉 1면에 크게 나면서 전국에 알려졌어요. 시위는 순식간에 전국으로 퍼져 나갔어요. 고려대 학생 3,000여 명은 4월 18일에 "민주 역적 몰아내자"라는 구호를 외치며 폭력을 쓰지 않는 평화 시위를 벌였어요. 그런데 경찰의 사주를 받은 정치깡패들이 대학생들을 덮쳤고, 이 소식은 4월 19일자 신문에 일제히 보도되었답니다. 반정부 시위는 걷잡을 수 없이 퍼져 나갔어요. 대학생은 물론이고 시민과 고등학생들까지 거리로 뛰어나왔답니다.

1960년 4월 19일 독재에 항의하는 시민들의 규탄 집회
이승만 정부의 독재와 탄압에 저항한 4·19 혁명은 5·16 군사 정변 이후 '의거'로 불렸어요. 1993년에 들어선 문민정부 때 '혁명'으로 승격되었지요.

**1960년 5월 29일
하와이로 망명길에 오른 이승만**

부인과 함께 하와이로 떠난 이승만은 1965년 7월 19일 91세로 사망했어요. 당시 민중당 대변인이었던 김영삼은 조국의 독립과 초대 대통령을 지낸 것을 감안하여 애도한다고 했지만, 작가 최인호는 연재소설인 《가족》을 통해 '독재자다운 비참한 말로'라고 비판했어요.

    시위대 중 일부는 시민을 향해 실탄을 발사한 경찰에 항의하려고 대통령 집무실인 경무대로 몰려갔어요. 경찰은 또다시 시위대를 향해 실탄 사격을 했어요. 서울에서만 약 130명이 죽고, 1,000여 명의 부상자가 발생했어요. 다음날에는 더 많은 학생과 시민들이 거리로 쏟아져 나왔어요. 4월 25일에는 대학교수 300여 명이 이승만의 사임을 요구하는 성명을 발표하고 시위에 가담했지요. 결국 이승만은 4월 26일 스스로 대통령직에서 내려오겠다고 발표할 수밖에 없었답니다. 부정 선거를 통해 네 번째로 대통령이 된 지 한 달 하고 열흘이 지난 시점이었어요.

민주화 관련 기념일 2
(1970~80년대)

　4·19 혁명 이후 새로운 민주 정부가 들어섰지만 오래가지 못했어요. 1961년 박정희와 일부 군인들이 쿠데타를 일으켜 정권을 장악했기 때문이에요. 1963년 박정희는 선거를 통해 정식으로 대통령에 취임했지요. 그런데 이승만 정부 때와 똑같은 일이 반복되었어요. 당시 헌법에 명시된 대통령직은 임기 4년에 한 번만 연임이 가능했는데, 박정희도 이보다 더 오래 하고 싶었던 거예요. 그래서 1969년에 대통령직을 세 번 연임할 수 있게 헌법을 고쳤어요. 1972년에는 유신 헌법이란 걸 만들어 대통령 직선제를 폐지하고는 '통일주체국민회의'라는 단체를 통한 간접 선거로 대통령을 선출하도록 했어요. 이 단체는 주로 체육관에서 투표했기에 대통령 선거를 '체육관 선거'라고 부르기도 했답니다.

　이 과정에 수많은 반대 목소리가 터져 나왔지만, 박정희는 무시했어요. 수출만이 살 길이라며 경제 개발에 모든 에너지를 쏟았지요. 그러나 노동자를 심하게 착취하는 산업 현장의 목소리는 외면했어요. 문제는 1979년 초에 국제 유가가 크게 오르고, 세계적인 경제 위기가 닥쳐오면서 시작되었어요. 경

1973년 제25주년 국군의 날 행사에서 펼쳐진 대규모 카드섹션

군인 출신인 박정희는 1972년 '10월 유신'을 단행하여 제3공화국 헌법을 폐기하고 유신 헌법 체제를 시행했어요. 긴급조치권, 국회 의원 1/3에 대한 임명권, 대통령 간선제, 대통령직 6년 연임 등 대통령에게 막강한 권한이 부여되는 것을 주요 내용으로 하는 유신 헌법을 토대로 긴급 조치 1호에서 9호를 발동하였답니다.

제가 나빠지면 불만도 커지게 마련이라 차곡차곡 쌓여 있던 부작용이 겉으로 드러나기 시작한 거예요. 그렇지만 정부는 이를 해결하지 않고 힘으로 누르려고만 했어요.

10월 16일 – 부마 민주 항쟁 기념일

당시 야당 지도자였던 김영삼은 노동자들 편에 서서 미국의 〈뉴욕 타임스〉와

계엄령이 선포되면서 마산에 투입된 공수 부대
민주화 운동이 격해지자 정부는 계엄령을 선포하고, 공수 부대를 투입했어요. 공수 부대는 청년들이 두세 명만 모여도 방망이로 때리고, 발로 짓밟는 등 폭력을 행사했어요.

인터뷰를 했어요. 정부를 비판하는 인터뷰 내용이 실린 기사를 보고 화가 난 박정희는 여당 국회 의원들을 동원해 김영삼의 국회 의원직을 박탈해 버렸답니다. 경제적으로나 사회적으로 침체되고 억압된 분위기 속에서 일어난 이 사건으로 김영삼의 정치적 기반인 부산을 중심으로 강한 반발이 일어났어요.

1979년 10월 16일, 5,000여 명의 부산대 학생들이 거리로 나섰어요. 일반 시민은 물론 공장 노동자까지 목소리를 높였고, 시위대는 순식간에 수만 명으로 불어났어요. 이틀 뒤인 18일에는 마산으로 시위가 번졌어요. 경남대 학생들은 물론 시민과 노동자가 대거 참여하여 박정희 정부의 퇴진을 외쳤어요. 부산과 마산에서 연이어 시위가 일어났다고 해서 이를 '부마 민주 항쟁'이라고 부르고 있답니다.

박정희 정부는 학생들과 시민들의 움직임에 대한 대응으로, 비상 상황에 정부가 군대와 군법으로 치안을 유지하는 '계엄령'과 군사시설 보호를 위해 군대를 주둔시키는 '위수령'을 내렸어요. 국민을 제압하기 위해 군대를 투입하고 주둔시킨 거지요. 1,500여 명이 연행되었고 120여 명이 군사재판에 회부되었어요. 시위가 전국으로 확산하는 걸 막기 위해 정부가 초강수를 두었던 거예요. 그런데 이 조치는 엉뚱한 결과를 낳았어요. 부마 민주 항쟁을 진압하는 방식에 반대했던 김재규 중앙정보부장이 10월 26일 밤, 박정희 대통령을 권총으로 사살하는 일이 벌어진 거예요.

부산대 학생들에게서 시작된 독재 타도와 유신 철폐 시위는 18년간 이어진 박정희 정부의 청산에 결정적인 영향을 끼쳤어요. 2018년 4월, 부마 민주 항쟁이 시작된 10월 16일을 국가 기념일로 지정하자는 논의가 시작되었고, 2019년 9월에 심의·의결되어 기념일이 되었답니다.

5월 18일 - 5·18 민주화 운동 기념일

박정희 정부가 무너지자 많은 사람이 민주화의 봄이 찾아올 거라 여겼어요. 그러나 1979년 12월 12일, 또 다른 군부가 쿠데타를 일으켜 정권을 장악하는 일이 발생했답니다. 보안사령부를 이끌던 전두환과 하나회라는 이름

광주 민주화 운동 추모탑

당시 시민군과 계엄군 사이에 벌어진 치열한 교전으로 인한 참상은 언론 통제로 광주 밖으로 알려지지 못했어요. 그러다 독일 공영방송 ARD의 기자 뒤르겐 힌츠페터가 잠입·취재한 광주의 실상이 5월 22일 북부독일방송의 저녁 8시 뉴스를 통해 처음으로 세상에 알려졌어요. 하지만 당시 군을 통제했던 전두환은 2021년 11월 23일 세상을 떠날 때까지 관련 사항을 끝끝내 부인했답니다.

의 신군부 세력이었어요. 군부 독재가 다시 시작될 기미가 보이자 대학생들을 중심으로 시위가 시작되었는데, 1980년 5월에는 시위가 절정에 달했어요. 신군부는 이 상황을 제압하기 위해 5월 17일에 비상계엄령을 전국으로 확대하고는 영장도 없이 정치인과 학생, 재야인사 등 2,700여 명을 잡아들였어요.

1980년 5월 18일 아침, 광주 전남대에 모인 학생들과 계엄군 사이에 직접적인 충돌이 일어났어요. 이때 전쟁이 나면 북한 지역에 침투해 싸우도록 특수 훈련을 받은 공수 부대가 계엄군으로 투입되었답니다. 유난히 강경한 계엄군의 진압에 분노를 느낀 시민들까지 시위에 합세하면서 규모는 커져만 갔어요. 하지만 탱크로 무장한 계엄군을 이길 수는 없었답니다.

5월 27일 새벽, 계엄군은 시민군이 마지막까지 지키고 있던 전남도청을 제압했어요. 이로써 5월 18일부터 27일까지 열흘간 이어진 민주화 운동은 끝이 났어요. 수많은 시민이 죽고 다쳤지요. 정부가 집계한 5·18 민주유공자 보훈 대상자만 봐도 사망 및 행방불명자가 181명, 부상자가 2,762명에 달해요. 하지만 자료에 반영되지 못한 경우까지 합치면 희생자 수는 이보다 훨씬 더 많을 거예요.

6월 10일 – 6·10 민주 항쟁 기념일

전두환 정부는 광주에서 일어난 일이 세상에 알려지지 않도록 언론과 방송을 강력하게 통제했어요. '보도 지침'이라는 제도를 만들어 신문사와 방송사마다 이를 지키는지 담당 공무원이 감시하게 했어요. 그렇지만 '발 없는 말이 천 리 간다'는 속담처럼 광주에서 일어난 엄청난 비극은 조금씩 전국에 알려졌어요. 진실을 알게 된 대학생과 시민들은 크게 분노하여 민주화에 대한 열망을 점점 키워 나갔지요.

전두환 역시 민주화를 요구하는 목소리를 힘으로 눌렀어요. 사람을 잡아 가두고 고문하는 일을 서슴지 않았지요. 결국 1987년 1월 14일, 서울대 학생이었던 박종철이 서울 남영동 대공분실에서 고문 받다가 사망하는 사건이 벌어졌어요. 이 사실이 세상에 알려지면서 7년간 쌓였던 불만이 폭발했지요. 전국에서 진상 규명과 민주화를 요구하는 목소리가 불타올랐어요.

정부의 갖은 탄압에도 불구하고 6월 10일에는 '고문 살인 은폐 규탄 및 호

1987년 서울시청 인근 인도에 새겨진 독재 규탄 문구

6월 9일 연세대 학생인 이한열이 학교 앞 시위 중 경찰이 쏜 최루탄에 맞아 부상을 입는 사건이 발생했어요. 그렇지만 다음날 여당인 민주정의당은 예정대로 전당대회를 개최하여 노태우를 대통령 후보로 선출했어요. 이 두 사건을 계기로 정부가 제압할 수 없는 수준의 시위가 전국에서 동시다발로 일어났답니다.

헌 철폐 국민대회'가 열렸어요. '호헌'이란 헌법을 지킨다는 뜻이에요. 당시 헌법은 대통령을 통일주체국민회의에서 간접 선거로 선출하도록 명시되어 있었는데, 전두환은 호헌 조치를 통해 이를 고치지 않겠다고 선언한 것이었어요. 그러니까 '호헌 철폐'는 대통령 직선제를 도입하라는 요구였던 거예요.

이를 기점으로 전국 대부분의 도시에서 민주화를 요구하는 시위가 일어났어요. 민주화 운동을 하는 대학생과 재야인사뿐만 아니라 직장인과 소상공인들까지 시위에 참여했어요. 시위대에 물과 먹을 것을 제공하는 시민도 많았지요. 결국 전두환 정부가 굴복하면서 대통령 직선제를 채택한 지금의 헌법이 만들어지게 되었답니다.

전쟁 관련 기념일

일본에 해방되고 정부 수립을 꿈꿀 때 우리나라는 미국과 소련에 의해 분단되었어요. 그리고 5년 뒤 이념이 다르다는 이유로 같은 민족끼리 전쟁을 벌여, 온 국토가 폐허가 되고 수많은 사람이 희생되었지요. 아직도 분단이라는 상황이 유지되고 있어요. 전쟁 상대자였던 북한과도 여전히 불편한 관계 속에 있지요.

6월 25일 – 6·25 전쟁일

1950년 6월 25일 일요일 새벽 4시경, 북위 38도선을 넘어 북한군이 쳐들어왔어요. 11만 명이 넘는 군인과 1,600개가 넘는 대포, 280대에 달하는 탱크가 일제히 밀고 들어온 거예요. 당시 국군은 휴일이라서 전체 병력의 3분의 1이 외출 나간 상태였어요. 완전히 기습 공격을 당한 것이지요.

남한은 두 달 만에 대구와 부산 일대를 제외한 대부분의 지역을 북한에 빼

한국 전쟁

한국 전쟁이라고도 하는 6·25 전쟁은 냉전이 낳은 충돌이었으며, 최초로 국제 연합군의 파견이 일어난 전쟁이에요. 세계에서 유일한 분단국가인 우리나라는 사실상 1953년 7월 27일 이후 지금까지 휴전 상태랍니다.

앗겼어요. 다행히 9월 국제 연합군이 전쟁에 참전하면서 분위기가 바뀌었고, 인천상륙작전을 성공한 이후에는 북진하여 압록강까지 다다랐지요. 그러자 중국이 북한 편에 서서 참전했어요. 중공군이 엄청난 숫자로 밀고 내려왔고, 지금의 휴전선 근처에서 서로 밀고 밀리는 전투를 반복했어요. 공방이 계속되자, 1951년 7월부터 휴전 협상을 시작해 2년 뒤인 1953년에 휴전하였답니다.

 6·25 전쟁은 남북한 양쪽에 엄청난 피해를 주었어요. 남한은 군인 15만 명, 민간인 68만 명이 사망 또는 행방불명되었고, 북한은 군인 29만 명, 민간인 108만 명이 사망 또는 행방불명되었어요. 남한을 도운 국제 연합군과 북한을 도운 중공군까지 합치면 300만 명 이상의 사상자가 발생했다고 해요.

래서 6·25 전쟁은 세계의 참혹한 전쟁 중 하나로 기록되고 있어요. 같은 민족끼리 총부리를 겨누었던 우리 민족의 상처는 이루 말할 수가 없지요. 다시는 이런 비극이 반복되지 않기 위해 이날을 기억하는 것이랍니다.

6월 6일 – 현충일

현충일은 나라를 위해 희생한 순국선열과 애국지사 그리고 국토를 지키기 위해 희생한 장병과 영웅을 기리는 날이에요. 순국선열의 날이 일본으로부터의 독립 활동에 초점을 맞추고 있다면 현충일은 '국가를 지키기 위한 희생'을 강조하고 있어요. 물론 순국선열도 포함되지요. 이날은 집에서도 태극기를 게양하는데, 게양 방식이 다른 국경일과 달라요. 슬픔을 표현하기 위해 깃봉에서 깃발 너비만큼 내려서 태극기를 다는데, 이를 '조기'라고 불러요. 또 6월 6일 오전 10시, 전국에 사이렌이 울리면 1분간 묵념을 해요. 잠시나마 우리가 살아가는 나라와 세상을 만들어 준 분들에게 고마움을 표시하는 거랍니다.

10월 1일 – 국군의 날

국군의 날은 특별하게 설명할 내용이 없을 정도로 명쾌한 날이에요. 대한민국군의 전투력을 과시하고 국군 장병의 사기를 높이기 위해 지정한 기념일이에요. 그런데 국군의 날은 왜 10월 1일일까요? 6·25 전쟁 중이었던 1950년 10월 1일에 국제 연합군과 함께 반격에 나선 남한군이 북한군을 밀어내며 38선을 돌파했어요. 이 승리를 기억하자는 의미로 10월 1일을 국군의 날로 정했답니다.

3월 넷째 금요일 – 서해수호의 날

서해수호의 날은 전쟁 관련 기념일 중 가장 최근에 지정되었어요. 우리나라의 서해는 안보 위협이 가장 높은 곳이랍니다. 지리적으로 북한과 가까운 데다가 바다 위에는 철조망을 설치할 수 없기에 언제든지 충돌이 일어날

천안함의 마지막 훈련 모습
천안함은 서해 백령도 근처 해상에서 침몰했는데, 이로 인해 해군 장병 40명이 사망하고, 6명이 실종되었어요. 정부와 민군 합동조사단은 뇌격설과 좌초설에 가능성을 두고 조사하였으나, 2010년 5월 20일 이명박 정부는 북한의 어뢰 공격에 의한 침몰이라고 공식 발표했어요.

수 있는 곳이지요. 실제로 1999년과 2002년 두 차례 '연평해전'이 벌어졌고, 2010년 3월에는 북한 잠수함의 어뢰 공격을 받아 우리나라 해군의 초계함인 천안함이 침몰했어요. 같은 해 11월에는 북한군이 연평도를 향해 포격전을 벌이기도 했어요.

늘 위협이 존재하는 서해를 안전하게 지키자는 뜻에서 2016년부터 기념일로 정해 기억하고 있답니다. 서해수호의 날이 3월 넷째 금요일로 지정된 이유는 가장 많은 희생자를 낸 천안함 피격 사건이 발생한 3월 26일을 기준으로 삼았기 때문이에요.

이 밖에도 다른 기념일들이 많아요. 모든 기념일에는 다 '사연'이 있답니다. 기념일 하나하나를 생각하고 떠올리다 보면 대한민국이 어떤 나라인지, 무엇을 중요하게 생각하고 소중하게 여기는지를 알 수 있어요. 달력을 보다가 기념일을 발견하면 잠깐이라도 그날의 의미를 검색해 보면 좋겠어요. 내가 사는 나라, 내가 보내는 오늘 하루가 조금 더 가치 있게 바뀌도록 말이지요.

더 알아볼까요?

기념일은 우리 사회가 필요하다고 공감할 때 일정한 절차를 거치면 언제든지, 무엇이든지 만들 수 있어요. 그럼 최근에 어떤 기념일이 생겼는지 살펴 보기로 해요.

 **푸른 하늘의 날**

'푸른 하늘의 날'은 우리나라가 유엔(UN)에 제안해서 정식으로 채택된 최초의 기념일이에요. 2019년 9월 뉴욕에서 개최된 기후행동정상회의에서 우리나라의 문재인 대통령이 공식 제안했고, 그해 12월에 열린 유엔 총회에서 매년 9월 7일을 '푸른 하늘을 위한 맑은 공기의 날'로 채택했답니다. 우리나라 정부도 2020년 8월에 열린 국무회의에서 이 날을 법정 기념일로 지정하고, 그해 9월 7일에 제1회 '푸른 하늘의 날' 기념식을 열었어요.

그렇다면 우리나라 대통령은 왜 이때 유엔을 향해 푸른 하늘을 강조했을까요? 그 시기 우리나라는 미세 먼지 문제로 골머리를 앓고 있었어요. 마스크를 쓰지 않으면 야외 생활을 하기 어려울 정도로 공기가 오염돼 있었답니다. 우리나라 정부는 이 문제를 해결하기 위해 많은 노력을 기울였어요. 그런데 공기는 국경이 없잖아요? 우리가 아무리 노력해도 이웃 국가가 공기를 잘 관리하지 않으면 영향을 받을 수밖에 없겠지요? 모든 나라가 함께 노력해야 깨끗하고 맑은 공기를 마실 수 있어요. 그래서 대통령이 직접 나서서 국제 사회에 요청한 거랍니다.

 곤충의 날

우리나라에 '곤충의 날'이 있다는 사실을 아시나요? 우연찮게도 9월 7일로, '푸른 하늘의 날'과 겹쳐요. 기념일로 지정된 해를 비교해 보면 곤충의 날이 2019년으로 1년 선배랍니다. 우리나라 법 중에 「곤충산업의 육성 및 지원에 관한 법률」이 있어요. 2010년에 만든 법인데, 2019년에 내용을 대폭 개정하면서 '곤충의 날'도 함께 지정한 거랍니다.

왜 곤충을 특별한 날로 기념할까요? '산업'이란 단어에 힌트가 있어요. 곤충은 알려진 것만 헤아려도 100만 종이 넘어요. 개체 수가 엄청나게 많아(사람보다 훨씬 많아요) '대세종'이라고도 부른답니다. 그래서 유엔식량농업기구(FAO)가 곤충을 미래 대체식량 1순위로 지정했어요. 곤충을 식량으로 지정한다니 좀 의외라고 생각할 수도 있을 거예요. 사실 그 이유는 지구에서 일어나는 인구 증가 때문이에요. 인간은 살아가는데 단백질이 꼭 필요해요. 하지만 지금의 농업과 어업만으로는 늘어나는 인구를 다 먹여 살릴 수가 없어요. 특히 기후변화 때문에 농·어업의 미래는 밝지 않아요. 바로 그런 이유로 전 세계가 곤충을 주목하고 있답니다. 곤충은 인공적으로 사육하더라도 온실가스 배출량이 많지 않고 물 소비량도 적어요. 또 동물 가축에 비해 훨씬 친환경적이랍니다. 전 세계에서 이미 20억 명가량이 곤충을 먹고 있어요.

우리나라도 2019년에 사슴벌레, 반딧불이, 왕귀뚜라미, 왕지네, 여치, 장수풍뎅이 등 14종을 가축으로 지정했어요. 그러니 이제는 곤충을 벌레라고 부르며 무서워만 할 건 아닌 거 같지요? 곤충을 다르게 생각해 보는 시간을 갖자는 의미를 담아 이렇게 곤충의 날을 지정한 거랍니다.

 김치의 날

우리나라에는 '김치의 날'도 있어요. 이 날이 지정된 과정은 곤충의 날과 비슷해요. 2011년에 만들어진 「김치산업 진흥법」이 2020년에 대폭 개정되는데, 이때 11월 22일을 김치의 날로 기념하기로 함께 정한 거랍니다. 참고로 식품을 주제로 한 법정 기념일은 김치가 최초예요.

그런데 왜 11월 22일일까요? 김치를 만들 때 재료가 많이 들어가지요? 일단 배추와 무는 기본이고, 양념으로 마늘과 생강, 젓갈, 파 등의 식재료 '하나하나'를 모았다고 해서 11월로 정했어요. 또 김치의 효능과 효과가 '면역 증강', '항산화', '항비만', '항암' 등 22가지가 넘는다고 하여 22일로 정한 거랍니다. 요약하면 다양한 소재 하나하나(11월)를 모아 22가지(22일) 이상의 효능을 나타내는 김치를 기념한다는 의미를 담았어요.

김치의 날은 이제 미국에서도 지키는 날이 됐어요. 2020년 12월에는 미국 캘리포니아주 의회가, 2023년 12월에는 미국 연방의회가 김치의 날을 지키자는 결의안을 통과시켰답니다. 앞으로 11월 22일은 전 세계인이 기념하는 김치의 날이 되지 않을까요? 아 참, 초겨울에 김치를 담그는 '김장 문화'가 유네스코가 지정하는 인류무형문화유산에 등재됐다는 사실도 기억해 두면 좋겠지요? 그런데 이 글을 읽고 있는 친구들은 어떤 김치를 좋아하나요?

- ★ 공휴일이란?
- ★ 일요일
- ★ 설날과 추석
- ★ 성탄절과 부처님 오신 날
- ★ 어린이날

더 알아볼까요? 24절기

공휴일

: 모두 함께 쉬다

공휴일이란?

 '공휴일'은 무슨 뜻일까요? 한자로는 공평할 공公, 쉴 휴休, 날 일日이에요. 그런데 이때 공은 공평하다는 뜻보다는 '한쪽으로 치우치지 않는다'는 의미가 더 강해요. 다시 말하면 개인적이지 않고, 사회적이라는 뜻이에요. 즉, 공휴일은 '함께 쉬는 날'이랍니다. 대부분 사람들은 매주 토요일과 일요일은 집에서 쉬어요. 학교에 가지 않거나 일하지 않고 쉬는 날을 공휴일이라고 불러요.

 국경일은 대부분 공휴일이지만 모든 국경일이 공휴일은 아니에요. 반면 기념일은 대부분 공휴일이 아니지만, 현충일만큼은 공휴일이지요. 우리나라의 다섯 국경일은 제헌절만 빼고 모두 공휴일이에요. 제헌절도 공휴일이었다가 2008년부터 제외되었어요. 2013년부터는 한글날이 공휴일에 포함되었지요.

 공휴일은 대한민국 국민이 함께 쉬기로 약속한 날이에요. 이는 법으로 정해 두었답니다. 「관공서의 공휴일에 관한 규정」이라는 대통령령을 살펴보면, 공휴일은 ①일요일, ②국경일 중 삼일절, 광복절, 개천절 및 한글날, ③1월

1일, ④설날 전날, 설날, 설날 다음 날, ⑤부처님 오신 날(음력 4월 8일), ⑥어린이날(5월 5일), ⑦현충일(6월 6일), ⑧추석 전날, 추석, 추석 다음 날, ⑨성탄절(12월 25일), ⑩선거일(대통령, 국회 의원, 지방선거 등) 그리고 ⑪정부에서 지정하는 날이에요.

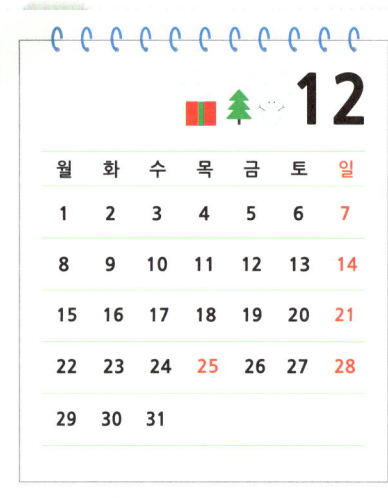

일요일

기독교 문화권에서는 일요일이 한 주의 첫날이라 여기지만, 국제 표준(ISO 8601)에서는 마지막 날로 여겨요. 우리나라도 ISO 8601에 기초하여 국가 표준을 정했는데, 한 주의 시작은 월요일로 되어 있답니다.

먼저 일요일을 살펴볼게요. 우리는 한 주의 마지막 날을 일요일이라 부르면서 쉬어요. 시간은 대개 1년, 1개월, 1주, 1일로 나누어요. 1일은 지구가 스스로 한 바퀴 도는 시간이고, 1개월은 달이 지구를 한 바퀴 도는 시간, 1년은 지구가 태양을 한 바퀴 도는 데 걸리는 시간이에요. 자연 현상을 기준으로 시간을 정한 거지요. 그런데 1주는 이런 자연적인 이유가 없어요. 하느님이 천지를 6일 만에 창조하고 다음 날 쉬었다는 성경 내용으로 1주를 정했거든요.

7일을 1주로 정하고 일요일을 쉰다는 것은 우리가 기독교 문화의 영향을 받은 결과라고 볼 수 있어요. 기독교 문화와 무관했던 조선 시대에는 1개월을 10일씩 나누어 구분했어요. 10일을 가리키는 한자 '순(旬)'을 사용해 상순, 중순, 하순으로 나누었지요. 요즘도 뉴스에서 10월 하순, 12월 중순 등으로 표현하는 걸 종종 볼 수 있어요. 그렇다고 조선 시대에 열흘에 하루씩 공휴일이 있었던 건 아니에요. 이때는 명절과 절기 위주로 휴식을 취했다고 해요.

기독교 문화권인 유럽에서도 기독교 문화를 거부했던 정부가 5일이나 10일을 1주로 정한 달력을 만든 적이 있어요. 1792년 프랑스 대혁명 직후에 등장한 혁명 정부는 프랑스를 망친 세력 중 하나가 교회라고 굳게 믿었어요.

로잔 역사박물관에 있는 프랑스 혁명력

프랑스 혁명력이라고도 하는 공화력은 1792년 9월 12일을 새해 첫날로 정해 1793년부터 사용한 달력이에요. 이 시기 프랑스에서는 날짜뿐만 아니라 시간도 십진법으로 나타냈어요. 하루를 10시간, 1시간을 100분, 1분을 100초로 바꾸어 생활했답니다.

그래서 달력에서 기독교 색채를 완벽하게 지우기로 했지요. 먼저 예수 탄생을 기원으로 하는 서기 연호를 폐지하고 혁명이 일어난 해를 기준으로 연도를 표기했어요. 즉, 1793년은 '공화국 1년'이 되었지요. 천지창조를 나타내는 1주 7일도 10일로 바꾸었어요. 이때 사용한 달력을 '공화력'이라고 불렀는데, 나폴레옹이 권력을 잡은 후 공화력을 폐지할 때까지 약 12년 동안 사용했어요. 당시 프랑스 사람들은 7일이 아니라 10일마다 돌아오는 공휴일이 너무 길게 느껴졌을 것 같아요.

1917년 러시아 혁명에 성공해 수립된 소련 정부도 기독교에 반대했어요. 초기에는 기존 달력을 그대로 사용했지만, 1929년에 정권을 잡은 스탈린은

스탈린

1928년, 스탈린은 국가가 경제에 직접 개입하는 경제개발 5개년 계획을 추진했어요. 기간산업을 국영화하고 경제 정책을 통제하여 집단농장이나 국영농장을 운영했지요. 이 과정에서 달력 개혁도 추진되었답니다. 스탈린은 인류 역사상 가장 무시무시한 독재자 중 한 명으로 평가받기도 해요.

과감하게 달력 개혁을 추진했지요. 스탈린의 관심은 공휴일을 조정해 생산성을 높이는 데 있었어요. 공장 기계를 멈추지 않게 하겠다며 토요일과 일요일을 없애고 1주를 5일로 정했어요. 이렇게 해서 1년은 72주가 되었고, 1개월은 6주가 되었어요. 그리고 남은 5일은 국경일로 정했어요. 노동자가 1주 중 하루를 돌아가면서 쉬는 방식을 취해 이론적으로는 공장을 멈추지 않게 만들었어요. 노동자의 80%가 항상 일하는 상황이 된 거예요. 하지만 노동자들의 불만은 쏟아지고 공장의 생산성은 떨어졌답니다. 결국 이 달력도 폐지되었어요.

그렇다면 토요일은 공휴일일까요? 토요일은 쉬는 날은 맞지만, 일요일처럼 법이 정한 공휴일은 아니에요. 토요일을 이해하기 위해서는 주5일제를 먼저 알아야 해요. '주5일제'는 1주일에 6일이 아니라 5일만 근무하는 제도로, 노동자의 복지와 생산성을 높이기 위해 도입되었어요. 우리나라에서는 2001년부터 논의되기 시작하다가 2005년에 일반 기업부터 시작했어요. 초·중·고등학교의 토요일 휴무가 시행된 건 2012년부터예요. 공휴일로 지정되면 법정 의무를 지켜야 하는데, 가장 중요한 의무는 일하지 않아도 그날에 대한 급여를 지급하는 것이에요. 공휴일이 아닌 토요일은 이런 의무가 없답니다.

설날과 추석

설날과 추석은 국가보다는 민족 차원에서 특별한 날이에요. 대한민국 정부 수립 이전부터 우리 민족은 두 명절을 특별하게 여겼어요. 조선 시대에도 설날과 추석에는 모든 사람이 하던 일을 멈추고 가족과 즐겁게 지냈다는 기록이 있지요. 일제 강점기에는 명절을 지내지 못하도록 했는데, 우리 민족의 특별한 날을 지키게 허용하는 것은 식민 지배에 방해가 된다고 생각했기 때문이에요.

우리의 설날은 음력 1월 1일이고, 추석은 음력 8월 15일이에요. 그런데 음력을 없애고 양력만 사용하도록 한 일본은 설날을 양력 1월 1일로 바꾸었고, 추석 부근에는 일본의 기념일들을 배치했어요. 음력 1월 1일은 평일처럼 일하게 했고, 추석 당일 밤에만 보름달을 구경하는 '달구경 열차'를 운영했지요.

1948년 정부 수립 후에 추석은 바로 공휴일로 지정됐지만, 설날이 공휴일이 되기까지는 시간이 좀 걸렸어요. '신정新正'이라고도 하는 양력 1월 1일은 공휴일로 지정되었지만, '구정舊正'이라고도 하는 설날은 한참 동안 평일이었

설날에 먹는 떡국

설날에는 조상에게 차례를 지내고 웃어른에게 세배를 드려요. 차례 후 차례상에 놓였던 여러 음식과 떡국으로 아침을 먹었어요. 떡국 한 그릇을 먹는다는 것에는 나이를 한 살 더 먹는다는 의미가 담겨 있어요. 아침을 먹은 후에는 이웃과 친척에게 세배하러 갔어요. 또한 윷놀이, 널뛰기, 연날리기 같은 민속놀이를 하는 날이기도 해요.

거든요. 설날이 공휴일이 된 건 1985년부터였는데, 이때는 설날이라 부르지 않고 '민속의 날'이라고 불렀어요. 설날이 자기 이름을 되찾고, 오늘날처럼 사흘 연휴가 된 건 1989년부터랍니다.

성탄절과 부처님 오신 날

성탄절이 우리나라 공휴일이 된 건 해방 직후 남한에 들어선 미군정의 영향이었어요. 당시 우리나라의 기독교인은 전체 인구의 5%도 되지 않았지만, 미군정이 공휴일 제도를 만들면서 크리스마스를 공휴일로 발표한 거예요. 1948년 대한민국 정부가 공식 수립하였을 때도 성탄절은 공휴일 목록에서 살아남았어요. 미국에서 공부한 이승만이 독실한 기독교인 것이 영향을 미

크리스마스트리와 선물
크리스마스는 350년 로마의 주교 율리오 1세가 12월 25일을 예수의 탄생일로 정한 것에서 유래되었어요. 기독교에서는 지금까지 부활절과 더불어 큰 명절로 기념하고 있어요.

쳤지요. 법령에는 성탄절을 '기독탄신일'로 표기하고 있답니다.

그런데 세계에서 크리스마스가 공휴일인 나라는 그렇게 많지 않아요. 기독교가 국교이거나 기독교 문화가 뿌리 깊게 내린 나라만이 크리스마스를 큰 명절로 지켜요. 아시아에서는 대한민국과 필리핀만이 크리스마스가 공휴일이에요. 에스파냐의 오랜 식민지였던 필리핀은 기독교 인구가 80%가 넘지요. 일본이나 중국은 크리스마스를 즐기기는 하지만, 공휴일은 아니랍니다. 대한민국은 전 세계에서 기독교 문화권이 아닌데 크리스마스를 공휴일로 지키는 유일한 나라예요.

특정 종교의 특별한 날이 국가 공휴일에 지정되면 다른 종교를 믿는 사람들의 기분은 어떨까요? 당연히 서운할 거예요. 특히 우리나라에서 가장 교인이 많은 불교계에서는 크리스마스가 공휴일인 게 불편할 수밖에 없었어요. 결국 1973년 독실한 불자였던 용태영 변호사가 정부를 상대로 '석가탄신일 공휴권 등 확인 청구' 소송을 했어요. 기독탄신일인 12월 25일이 공휴일인 것처럼 석가탄신일인 음력 4월 8일도 공휴일로 지정해 달라는 내용이었어요. 소송 요건이 충분하지 않다는 이유로 기각당한 이 소송은 대법원까지 올라갔어요. 이에 불교계는 적극적으로 여론을 형성하기 시작했지요. 기독교 명절은 공휴일인 데 반해 불교 명절이 공휴일이 아닌 것은 형평성에 어긋난다는 주장을 펼쳤어요. 불자가 아닌 사람들도 공휴일이 하루 더 늘어나는 것에 반대할 이유가 없었어요.

여론이 뜨거워지자 정부가 나섰어요. 그리고 1975년 1월에 열린 국무회의에 '석가탄신일의 공휴일 지정의 건'이 안건으로 상정되었어요. 이 안건이 통

부처님 오신 날에 달아 놓은 연등

초파일이라고도 하는 부처님 오신 날에는 연등을 밝혀요. 연등처럼 번뇌와 무지로 가득 찬 세상을 비춰 주는 부처를 칭송하고 깨달음을 얻고자 연등을 밝히는 것이라고 해요. 또 불교에서는 '아미타' 부처와 '관세음'이라는 보살을 진심으로 믿으면 극락에 갈 수 있다고 생각해요. 흔히 들을 수 있는 '나무아미타불 관세음보살'은 아미타불과 관세음보살에게 귀의한다는 뜻이랍니다.

과되면서 공휴일이 하루 더 늘어났어요. 그러나 이후로는 종교의 명절과 관련된 공휴일은 더 이상 만들어지지 않았답니다.

　석가탄신일은 2018년 '부처님 오신 날'로 공식 명칭이 바뀌었어요.

어린이날

대한민국 공휴일 중에 빠뜨릴 수 없는 날은 바로 어린이날이에요. 세계 여러 나라에서 어린이날을 공휴일로 지정하고 있지만, 우리나라의 어린이날은 특별해요. 외국에서 전해진 것이 아니라 우리나라 안에서 독자적으로 태어난 날이기 때문이에요.

어린이날은 소파 방정환이 만들었어요. 그는 천도교를 믿었어요. 천도교는 조선 말기에 만들어진 동학이 발전한 종교예요. 동학의 핵심 사상은 사람이 곧 하늘이라는 '인내천人乃天'인데, 여기서 말하는 사람에는 남자와 여자뿐만 아니라 아이까지 전부 포함되었답니다. 당시에는 사람이라고 하면 여자와 아이를 빼 버리는 경우가 많았는데 동학은 달랐어요. 방정환이 어린이 운동을 한 것도 동학의 인내천 사상을 바탕에 둔 것이었어요.

3·1 운동 직후인 1921년 방정환은 '천도교 소년회'를 만들었어요. 그리고 1주년이 되던 1922년 5월 1일에는 '어린이의 날'을 선포했지요. 이날 걷기 행사를 했는데, 이것이 어린이날의 뿌리가 되었답니다. 단순히 걷기만 한 게 아니라 '어린이날 선전문'이라는 전단을 만들어 어른들에게 배포했어요. 이

1954년 어린이날 모습

어린이날은 미래 사회의 주역이 될 어린이의 인권을 위한 날로 세계 여러 나라에서 기념일로 지정하고 있어요. 우리나라와 일본은 5월 5일, 중국은 6월 1일, 캐나다는 11월 20일, 아르헨티나는 8월 두 번째 일요일, 태국은 1월 두 번째 토요일을 어린이날로 지낸답니다.

전단이 세계 최초의 어린이 인권선언문이었다고 해요. 국제 연맹이 1924년 발표한 '제네바 아동 권리 선언'보다 2년이나 빨랐던 거예요. 우리의 어린이날 선전문을 살펴봐요.

1. 어린 사람을 헛된 말로 속이지 말아 주십시오.
2. 어린 사람을 늘 가까이 하시고 자주 이야기하여 주십시오.
3. 어린 사람에게 경어를 쓰시되 늘 부드럽게 하여 주십시오.
4. 어린 사람에게 수면과 운동을 충분히 하게 하여 주십시오.

5. 이발이나 목욕 같은 것을 때맞춰 하도록 하여 주십시오.
6. 나쁜 구경을 시키지 마시고 동물원에 자주 보내 주십시오.
7. 장가나 시집 보낼 생각 마시고 사람답게만 하여 주십시오.

이 선전문을 읽어 보면 당시 어린이가 사회에서 어떤 대접을 받았는지 알 수 있어요. 최초의 어린이날은 1923년 5월 1일이었어요. 1927년에는 노동절과 겹친다는 이유로 5월 첫째 일요일로 바꾸었고, 1938년부터는 일본의 탄압으로 지키지 못했어요. 1948년에 어린이날이 부활하면서 5월 5일로 확정되었어요. 1973년에는 기념일로, 1975년부터는 공휴일로 지정되어 오늘날에 이르고 있어요. 그리고 2014년부터는 어린이날이 일요일이나 다른 공휴일과 겹치면 잇따라 오는 평일 하루를 어린이날로 지키기로 했답니다. 이런 제도를 '대체 공휴일'이라고 불러요.

더 알아볼까요?

 **24절기**

일상 속에서 자주 쓰는 특별한 날 중에 '24절기'가 있어요. 아무리 추워도 '입춘'이면 봄이 온다 하고, '경칩'에는 개구리가 잠에서 깨어난다는 말을 들어봤을 거예요. 이렇게 뉴스 멘트로도 자주 쓰이는 '절기'는 과연 무엇일까요?

해를 기준으로 시간을 재는 양력(태양력)을 쓰기 전에는 달을 기준으로 시간을 계산하는 음력(태음력)을 주로 사용했어요. 지금도 제사를 지낼 때나 할아버지 할머니 생신을 축하할 때는 음력을 기준으로 하는 경우가 많아요. 그런데 절기는 달랐어요. 절기는 무조건 태양을 기준으로 해요. 해가 하늘에서 움직이는 길인 황도가 땅과 이루는 각도를 황경이라 부르는데, 1년 동안 움직이는 각도를 24등분으로 나눈 거랍니다.

달을 기준으로 하는 음력이 있는데, 왜 굳이 해를 기준으로 하는 절기를 만들었을까요? 그 이유는 우리나라를 포함하는 동아시아 지역이 벼농사를 기반으로 하는 농경 사회였기 때문이에요. 벼농사는 시기를 맞추는 것이 중요해요. 씨를 뿌리고, 물을 대고, 잡초를 솎아내는 등의 시기를 계절과 기후에 따라서 정확하게 지켜 줘야 원하는 만큼 수확할 수 있답니다. 그래서 무슨 일을 언제 해야 하는지를 사회 전체가 아는 것이 중요했어요. 그럼 24절기에는 어떤 것들이 있는지 간단하게 살펴볼까요?

〈봄〉

- ◆ 입춘(2월 4~5일) : 겨울이 끝나고, 봄이 시작되는 시기예요. '입춘대길(立春大吉)', '건양다경(建陽多慶)'을 써서 대문에 붙이는 풍습이 있어요.
- ◆ 우수(2월 18~19일) : 눈 대신 비가 내리기 시작하는 시기예요.
- ◆ 경칩(3월 5~6일) : 개구리가 겨울잠에서 깨어나는 시기예요.
- ◆ 춘분(3월 20~21일) : 낮이 밤보다 길어지기 시작하는 시기예요.
- ◆ 청명(4월 5~6일) : 봄 날씨가 가장 좋은 날로 농사 준비를 시작하는 시기예요.
- ◆ 곡우(4월 20~21일) : 농사에 필요할 만큼 넉넉한 비가 오는 시기예요.

〈여름〉

- ◆ 입하(5월 5~6일) : 여름이 시작되는 시기예요.
- ◆ 소만(5월 20~22일) : 볕이 잘 드는 시기로, 이때부터 농사를 본격적으로 시작해요.
- ◆ 망종(6월 5~6일) : 씨를 뿌리는 시기예요.
- ◆ 하지(6월 21~22일) : 1년 중 낮이 제일 긴 시기예요.
- ◆ 소서(7월 7~8일) : 여름 더위가 시작되는 시기예요.
- ◆ 대서(7월 22~23일) : 1년 중 가장 더운 시기예요.

〈가을〉

- ◆ 입추(8월 7~9일) : 가을이 시작되는 시기예요.
- ◆ 처서(8월 23~24일) : 일교차가 커지기 시작하는 시기예요. 선선한 가을바람 때문에 모기 입이 비뚤어진다는 말이 있어요.

- 백로(9월 7~8일) : 아침 기온이 떨어져 이슬이 맺히기 시작하는 시기예요.
- 추분(9월 22~24일) : 밤이 낮보다 길어지기 시작하는 시기예요.
- 한로(10월 8~9일) : 찬 이슬이 내리기 시작하는 시기예요.
- 상강(10월 23~24일) : 이슬이 얼어 서리가 내리기 시작하는 시기예요. 상강이 오기 전에 농사를 잘 마무리해야 해요.

〈겨울〉

- 입동(11월 7~8일) : 겨울이 시작되는 시기예요.
- 소설(11월 22~23일) : 얼음이 얼고, 눈이 내리기 시작하는 시기예요.
- 대설(12월 7~8일) : 1년 중 눈이 가장 많이 내리는 시기예요.
- 동지(12월 21~22일) : 1년 중 밤이 가장 긴 시기로, 팥죽을 끓여 먹어요.
- 소한(1월 5~6일) : 1년 중 가장 추운 시기예요.
- 대한(1월 20~21일) : 1년 중 가장 큰 추위가 닥치는 시기예요.

24절기에는 들지 않지만 더운 여름에 '삼복(三伏)'을 지키는 풍습이 있어요. 삼복 중 초복은 하지가 지나고 난 뒤 20~29일, 중복은 하지로부터 30~39일, 말복은 입추에서 9일 사이예요. 삼복에는 삼계탕처럼 영양가가 풍부한 기름진 음식을 많이 먹어요. 아주 옛날부터 더위를 잘 지나는 것이 1년 건강을 지키는 데 매우 중요하다고 생각했기 때문이랍니다.

 **에필로그**

시간의 주인

조선에서는 새해가 되면 왕이 신하에게 달력을 선물했어요. 무슨 의미였을까요? 신하로서 시간 관리를 잘하라는 뜻도 있었을 테고, 신하가 누리는 시간의 주인은 바로 왕이라는 의미도 있었을 거예요.

이 전통은 지금도 이어지고 있어서, 은행이나 가게에서 새해가 되면 자기들만의 달력을 만들어 선물로 제공하고는 해요. 여기에는 '손님 여러분, 시간 관리 잘하세요'라는 뜻도 있고, '우리 은행과 가게도 손님과 함께 시간을 보내고 싶어요'라는 메시지도 담겨 있어요.

옛날에는 힘이 제일 센 사람이 시간의 주인 행세를 했어요. 달력을 만들 권한이 힘이 제일 센 사람에게만 주어졌거든요. 우리가 현재 사용하는 달력은 '그레고리우스력'이라고 불러요. 1582년에 교황 그레고리우스 13세가 만든 달력이라는 뜻이에요. 하지만 이 달력은 예전에 쓰던 달력의 오차를 수정한 것일 뿐이고, 원조는 '율리우스력'이랍니다. 율리우스력은 기원전 46년 로마 제국의 최고 지도자였던 카이사르가 만든 달력이에요. 이때부터 1년은 12개월, 365일이라는 규칙이 자리 잡았어요.

　그런데 서양 문화가 전 세계를 지배하기 전에는 어땠을까요? 각 나라와 문명권마다 서로 다른 달력을 사용했어요. 물론 이러한 달력은 같은 문화권에서 가장 힘이 센 사람이 만들었지요.

　우리 민족이 나라를 세운 뒤 고유한 달력을 사용한 적은 생각보다 많지 않아요. 고구려와 신라, 고려 정도가 사용했는데, 늘 사용했던 것은 아니에요. 중국과의 관계에서 쓰기도 하고 쓰지 않기도 했어요. 특히 신라는 당나라를 황제로 인정하면서 신하를 자처한 사대 외교를 했는데, 이때 독자적으로 쓰던 연호를 버리고 당의 연호를 받아들였어요. 건국할 때부터 명나라에 사대 관계를 천명한 조선은 아예 연호를 만들지 않고 명의 연호를 가져다 썼지요. 조선 말기 중국과의 사대 관계를 청산하고 대한 제국으로 국호를 바꿀 때 고종은 독자적인 연호 '광무光武'를 채택했어요. 중국이 아니라 대한 제국이 시간의 주인이 되겠다는 선언이었지요.

　'지방 공휴일'이란 제도가 있어요. 53개의 기념일 중 지역성이 강한 기념일은 중앙 정부와의 협의를 거친 뒤 지방만의 공휴일로 정할 수 있답니다. 지금까지는 3개의 지방 공휴일이 있어요. 광주광역시의 '5·18 민주화 운동 기념일', 제주도의 '4·3 희생자 추념일', 정읍시의 '동학농민혁명 기념일'이 지역만의 공휴일이에요. 이날 해당 지역의 관공서와 학교는 휴무이고, 도시 전역에서는 다양한 기념행사가 펼쳐져요. 도시만이 가진 중요한 기억을 떠올리면서 지역 시민이 된 자긍심을 높이자는 취지랍니다.

지방 공휴일 제도가 시작된 건 2018년이에요. 과거에는 공휴일을 지정할 권한이 중앙 정부밖에 없었지만, 지금은 지방 자치 단체도 자기만의 공휴일을 지정할 수 있어요. 중앙 정부와 별도로 지방 자치 단체도 시간의 주인이 될 힘이 생긴 거예요. 어쩌면 도시마다 흥미로운 공휴일이 만들어지는 시대도 머지않아 오겠지요?

개인도 시간의 주인이 될 수 있을까요? 프롤로그에 소개한 것처럼 부모님의 결혼기념일을 우리 가족이 탄생한 날로 해석하는 것도 시간의 주인이 되려는 태도라고 볼 수 있어요. 누군가와 사귀기 시작할 때 오늘부터 1일이라고 선언하는 것은 성경에 나오는 천지창조의 한 장면이 연상되기도 해요. 달력에 생일, 수학여행, 공연 등을 써 놓는 것은 시간의 주인이 누구인지 밝히는 것일 수도 있지요. 이런 모든 행동이 시간의 주인이 되고 싶은 마음을 표현하는 것이라고 생각해요.

이 책을 읽은 뒤 여러분에게 매일 아침 달력을 본 뒤 일과를 시작하는 습

관이 생기면 좋겠어요. 1년이란 시간을 지내다 보면 5대 국경일과 54개의 기념일을 만나게 되지요. 이날들은 우리가 살아가는 대한민국이 어떤 나라인지를 알려 주지요. 여러분이 달력에 여러 가지 일정을 써 넣은 것을 보면 여러분이 어떤 사람인지 알 수 있는 것처럼 말이에요.

특별한 날, 특별한 시간을 보면 나와 우리 그리고 우리나라를 이해할 수 있어요. 이 책이 이러한 이해를 높이는 데 도움이 되면 좋겠어요.

사진 출처

1장
16쪽　Wikimedia Commons, CC BY-SA 3.0

25쪽　Steve46814, Wikimedia Commons, CC BY-SA 3.0

2장
42쪽　Rheo1905, Wikimedia Commons, CC BY-SA 4.0

48쪽　Revi, Wikimedia Commons, CC BY 2.0 kr

3장
55쪽　Jjw, Wikimedia Commons, CC BY-SA 4.0

4장
76쪽　문화재청 공공누리 제1유형

78쪽　Ssnm1015, Wikimedia Commons, CC BY-SA 4.0

82쪽　三猎, Wikimedia Commons, CC BY-SA 4.0

84쪽　Wikimedia Commons, CC BY-SA 3.0

5장
101쪽　문화재청 공공누리 제1유형

103쪽　문화재청 공공누리 제1유형

104쪽　Wikimedia Commons, CC BY-SA 3.0

6장

119쪽　Foamingz, Wikimedia Commons, CC BY-SA 4.0

126쪽　kimhs5400, Wikimedia Commons, CC BY-SA 3.0

128쪽　한국정책방송원 공공누리 제1유형

131쪽　Baek·Jong-sik, Wikimedia Commons, CC BY-SA 2.5

132쪽　대한민국역사박물관, 공공누리 제1유형

136쪽　서울역사아카이브_공공누리 제1유형

140쪽　대한민국 국군, Wikimedia Commons, CC BY-SA 2.0

7장

151쪽　Rama, Wikimedia Commons, CC BY-SA 2.0 fr

155쪽　Wikimedia Commons, CC0

156쪽　Kelvin Kay, Wikimedia Commons, CC BY-SA 3.0

158쪽　Shutterstock

우리에게는 아주 특별한 날
우리 국경일 제대로 알기

초판 1쇄 발행 2024년 6월 28일 | 2쇄 발행 2025년 2월 27일

글쓴이 김태훈
펴낸이 이재민
펴낸곳 파란등대
총괄본부장 김영숙 | **편집** 김화영 | **디자인** 김연진
일러스트 소슬랑 | **마케팅** 이수빈 윤인혜 | **경영지원** 손서안 정충만
등록번호 제 2021-000038호 | **등록일자** 2021년 3월 22일
주소 경기도 파주시 교하로875번길 31-14, 1층
전화 031-942-5379 | **팩스** 031-942-5378

ⓒ 김태훈, 2024

ISBN 979-11-92277-25-7 73910

* 이 책의 그림과 글의 일부 또는 전부를 재사용하려면
  반드시 주식회사 파란등대와 저작권자의 동의를 얻어야 합니다.
* 값은 표지 뒷면에 있습니다.
* 책 모서리가 날카로우니 던지거나 떨어뜨리지 마세요.

파란등대는 널따란 바다에서 길을 찾게 도와주는,
지식의 길잡이와 같은 책을 펴냅니다.